U0009130

呂理州◎著

學校沒有教的

西洋史

謹以此書紀念我的兩位已故親人

祖父　呂來傳先生

母親　呂香菊女士

自序

在許多年以前，還很年輕的時候，我對歷史發生興趣。可是面對浩瀚的歷史，以及各式各樣的歷史書籍，我覺得困惑。不知從哪裡讀起，不知挑哪些書才好。那時，真希望找到一本好的歷史啓蒙書，深入淺出地帶我進入歷史的殿堂，一窺歷史的奧秘。後來，當我年長，對歷史有了一些心得之後，我就想由自己來試試看，看能否寫出這麼樣的一本書。

這是寫作本書的第一個動機。

也是很年輕的時候，我讀了蔣夢麟的《西潮》與胡適的《胡適文選》，頗受感動。但當時心中有幾點疑惑：學校的教科書不是一直告訴我們，中國地大物博、歷史悠久、文明昌盛、聖賢輩出嗎？周邊的國家不是都仰慕中國的輝煌文化，都來向中國朝貢嗎？怎麼到了清朝末年，中國一下子變得不堪一擊？怎麼一下子變得武器不如人，制度不如人，思想不如人，樣樣不如人？冰凍三尺非一日之寒，中國落後西方絕不是在清朝末年才「突然」開始落後，一定是遠在鴉片戰爭之前。那麼是在什麼時候呢？

還有，西方是如何製造出堅船利砲的？這堅船利砲背後的「科學」與「技術」，西方是如何擁有的，而中國何以欠缺？

　　心中有這些問題之後，我開始尋找答案。我從英國的工業革命開始找起，往前溯源，經文藝復興、中世紀，最後找到希臘時代，總算找到了源頭。

　　於是，我決定把這股發源於希臘時代的細流，如何一步步演變成滾滾巨流，最後一發不可收拾地沖到美洲、非洲、亞洲，並且將趾高氣揚的大中華意識沖跨的歷程寫下，和大家分享。

　　這是寫作本書的另一個動機。

　　我在大學學的是西洋經濟史，寫這本書，總算學以致用，對自己的青春也有了交代。

　　希望本書的出版，能多少引起年輕學子探討歷史的興趣。

二○○四年九月於汐止

CONTENTS

Chapter 1. 1890～1893
中國什麼時候開始落後西方？

從 烏 托 邦 到 鴉 片 戰 爭

鴉片戰爭——尿桶 vs 大砲

　　一八三九年六月三日，在廣東虎門山腰下。林則徐坐在竹子搭成的台子上，看見連下了幾天雨的天空終於放晴，他很滿意這樣的天氣，於是一聲令下，將從英商那裡沒收來的鴉片倒入兩個正方形大土坑內。土坑已灌入水，並倒入大量的鹽。鴉片在鹽水裡泡了數個小時後，再將石灰塊丟入水坑內。剎那間，濃煙滾滾，直衝雲霄。這兩個鹽水坑相當大，每邊長約五十公尺。即使

中英交戰雙方實力過於懸殊，英軍入侵長江，到達南京江面。清政府忙派耆英、伊裡布前往，與英方簽訂中國近代史上第一個不平等條約--南京條約。

008

如此，兩萬箱的鴉片仍花了二十天才銷毀完畢。以當時一箱鴉片值七、八百美元來估算，兩萬箱約值一千五百萬美元。這是一筆非常大的金額。

英國鴉片商不甘蒙受鉅額損失，便向英國政府訴苦。他們加油添醋，數說中國政府如何蠻橫，侵犯了他們的利益，並要求英國政府出兵，幫他們討回公道。果然，在鴉片商人的大力游說下，一八四〇年二月，英國政府決定出兵。英國國會也於同年四月，對是否要為這場戰爭撥出經費進行表決，結果以二七一票對二六二票，以九票之差通過撥款。於是，開啟中國近代屈辱史之門的鴉片戰爭就這樣爆發了！

遠在鴉片戰爭爆發的兩百五十一年前，也就是一五八八年，英國海軍大敗西班牙的無敵艦隊，成為世界上最強的海上霸權。如今，過了二百五十一年，加上工業革命的脫胎換骨，英國的國力比大敗無敵艦隊時還要強上數百倍，道光皇帝或林則徐若知道這事，恐怕不敢那麼貿然銷毀鴉片吧？

根據英方蒐集到的情報，清軍的戰鬥力很差，尤其是海軍，根本不堪一擊。一位在中國長期居留的傳教士吉拉福甚至自信滿滿地說：「英國的一艘木造快速帆船（frigate）就可以擊沉全中國一千艘的兵船。」

英國決定出兵之後，派出十六艘軍艦，艦上裝備的大砲共有五百四十門。還有四艘武裝蒸汽輪船：皇后號

道光年間，鴉片氾濫，湖廣總督林則徐上奏表示聽由鴉片氾濫則數十年之後中原再無可禦敵之兵，道光遂於1838年11月任命林則徐為欽差大臣，赴廣東查禁鴉片。

（Queen）、馬達加斯加號（Madagascar）、阿特蘭特號
（Atalanta）與進取號（Enterprise）。以及一艘運兵船和
二十七艘運輸船。

中文譯名	英文原名	船上裝備大砲數目
美爾比魯號	Melville	74 門
威魯斯里號	Wellesley	74 門
普聯海因號	Blenheim	74 門
普隆德號	Blonde	44 門
杜魯伊德號	Druid	44 門
康威號	Conway	28 門
孛雷吉號	Volage	28 門
鱷魚號	Alligator	28 門
拉恩號	Larne	20 門
希爾辛斯號	Hyacinth	20 門
摩德斯特號	Modeste	20 門
彼拉德斯號	Pylades	20 門
寧羅得號	Nimrod	20 門
庫魯撒號	Cruizer	18 門
可倫巴茵號	Columbine	18 門
阿魯傑林號	Algerine	10 門

這個仗陣只是英國全球海軍兵力的十分之一,但是對中國來說,卻是數千年來從未經驗過的駭人武力。雙方實力相差太過懸殊,所以開戰後戰局呈一面倒之勢,並不令人意外。

英國在東印度公司專門成立鴉片事務局(Opium Corpor-ation),壟斷印度鴉片生產和出口,並且對華大量傾銷鴉片。

今天,我們再來回顧這場戰爭,發現雙方相差太過懸殊的,不只是軍事力量而已,連大腦也相差懸殊。中國人的心智還活在古代,充斥怪力亂神與迷信,但英國人的心智卻是近幾百年發展的科學精神與理性思考。讓我們來瞧瞧下面幾個場景吧。

戰爭爆發之後,由於前線的戰事一再挫敗,一八四一年,道光皇帝改派靖逆將軍奕山、戶部尚書隆文、參贊大臣楊芳三人征討英軍。這三人當中,排名第一的奕山與排名第二的隆文都是滿人,只有排名第三的楊芳

（1770 — 1846）是漢人。楊芳雖因爲是漢人，而排在奕山與隆文之後，其實他才是三人之中，道光皇帝最寄予厚望的大將。楊芳戰功赫赫，曾鎭壓貴州苗族之亂、河南天理教之亂，以及廣西、四川、湖北、陝西、寧夏、甘肅等地大大小小的暴動叛亂。他驍勇善戰，智謀蓋世，與楊遇春合稱「二楊」。因此對道光皇帝而言，這位沙場名將、平亂專家的楊芳，可說是他手上一張鎭壓英夷的王牌。

這位清朝名將楊芳在出發之前，聽說英軍的砲彈打得又遠又準確。他覺得奇怪，便向一位道士詢問。道士說敵營一定是使用妖術，才那麼準，要擊敗對方，必須先破解妖術才行。如何破解呢？道士說外夷妖邪之術最忌婦人的尿，因此，只要將婦人的尿桶朝向敵營，自然可破解夷狄妖術。而且尿桶愈多，效果

愈佳。

因此，楊芳抵達廣州後，下的第一道命令便是蒐集當地婦人的尿桶，然後將這些臭氣燻鼻的尿桶全部朝向英軍陣營，但是英軍的砲彈依舊打得又遠又準。

堂堂大將軍，身負救國救民重任，竟然聽信神棍的胡言亂語，做出拿婦人尿桶照敵營那樣幼稚、可笑、荒謬的蠢事，簡直把戰爭當兒戲。連讓道光皇帝寄予厚望的名將楊芳都如此沒有科學思考、理性判斷的能力，當時一般中國人的水準可想而知。

或許有人會認為楊芳說不定只是特例，那麼，讓我們再來看看靖逆將軍奕山如何。奕山也不遑多讓，他在一八四一年五月底向道光皇帝奏寫的戰報有這麼一段話：

英軍自據四方砲台，晝夜轟城，當英兵攻靖海門時，撲近城壁，忽於煙霧中，望見觀音神像，遂不敢再擊。

奕山又寫道：

火藥庫存在觀音山下，貯火藥三萬斤，為漢奸拋擲火彈，正將爆炸間，忽有白衣女神，展袖拂火，頓即熄滅，俄而大雨傾盆，逆敵火箭砲彈，無一延燒。

連觀音都現身幫助中國，中國還有什麼好怕的？道光皇帝看完奕山寫來的戰報後，非常感動，立刻親書「慈佑靖海」匾額，派人送到廣州觀音廟懸掛，以謝觀音。

這簡直是封神榜的世界。再看看下面的場景。

一八四一年十月，道光皇帝得知鎮海、寧波失守的消息，便任命自己的侄兒奕經爲揚威將軍，率兵赴浙江。奕經於十二月，到了蘇州後，叫人把虎骨丟入海中，以爲這樣可以激怒龍王，興起巨浪，掀翻英船。結果當然是沒有任何作用。海，依然平靜。

一八四二年一月某日，奕經作夢夢見「夷人棄陸出海」，夢醒之後，他認定這是吉兆，便設宴置酒，慶祝一番。過幾天，他聽說杭州西湖的關帝廟很靈，便去關帝廟求籤，見籤上的籤言有「不遇虎頭人一喚，全家誰敢保平安」的詩句，便相信在寅年寅月寅日寅時（即一八四二年三月八日寅時）出兵的話，一定可大獲全勝，於是下令於三月八日兵分三路攻擊寧波、鎮海與定海，結果這三路全都大敗。

這些場景讓人看了眞是匪夷所思。兩千四百年前，孔子說他不談論「怪力亂神」，如今，從皇帝到身邊的大臣、大將，全都滿腦子怪力亂神。

簡單說一句，中國不只輸在武器，還輸在整個文明！

中國在歷史上常常要外國朝貢、稱臣，稍有不從，就可能派兵討伐。中國是老大，其他政權只是小角色，圍在中國四周如眾星拱月。這位亞洲的老大卻在鴉片戰爭中被英國打得落花流水。

中國不是號稱擁有數千年光輝燦爛的文化嗎？中國不是一向以為自己是文明上國，別人都是蠻夷嗎？馬可波羅（1254-1324）於十三世紀到中國旅行時，不是對中國的富強讚不絕口嗎？怎麼到了十九世紀，中國就變得如此窩囊？到底中國是什麼時候才開始落後西方？清朝？明朝？宋朝？或更早？或者我們也可以這麼問：英國是什麼時候變成世界最強的國家？怎麼變成的？西方文明是何時凌駕於其他文明之上？什麼原因使西方文明凌駕於其他文明之上？

桃花源 vs 烏托邦

中國不是從一八四〇年鴉片戰爭才開始落後西方的。那麼，究竟是什麼時候呢？在回答這個問題之前，我們先來比較一下中國與西方對「理想國度」的看法，從這裡就可看到兩種文明基本精神的差異了。

自古以來，沒有一個社會是完美的，總是有缺失。例如貧富懸殊（中國的詩人不是大嘆『朱門酒肉臭，路有凍死骨』嗎？），或治安敗壞，或人與人之間立足點的不平等，或貪官汙吏橫行等等。理想性較強的人看到

社會上的這些黑暗面與不平面，難免興起「眞希望這個社會能變成……」的想法。也就是說，他在腦海裡描繪了一幅理想社會的藍圖。有些人只是想想而已，隨後就忘了，但有些人卻想得很認眞，不但想得很認眞，還把他腦海裡的理想社會寫下來，留傳後世。例如，在西方有柏拉圖的《理想國》、摩爾（Sir Thomas More, 1478-1535）的《烏托邦》、康帕尼拉（Tomaso Campanella, 1568-1639）的《太陽國》、培根（Bacon, F, V, 1561-1626）的《新亞特蘭堤斯》等。在中國則有陶淵明（365-427）的《桃花源記》。

我們先來看看摩爾的《烏托邦》。「烏托邦」這三個字，我們都聽過。英國人摩爾在一五一六年寫了一本書，在書中創造了一個他心目中的理想國家，也就是「烏托邦」（Utopia），由於這本書很有名，因此後來「烏托邦」就成爲理想國家或理想社會的代名詞。

摩爾生於倫敦，是英國的政治家，曾經擔任過議員、法官、財政大臣，後來因爲反對英王亨利八世離婚而被下獄斬首，享年五十七歲。《烏托邦》是他在三十八歲時寫的。

現在我們就來看看摩爾的《烏托邦》，看看他所描繪的理想社會是什麼樣子。

摩爾心目中的「烏托邦」位於一個島，島

下圖爲摩爾繪製的烏托邦地圖。

上的每位住民都必須從事農業，除了農業，每人還必須學會另外一種技能，一般是在毛織工、亞麻織工、石工、打鐵匠、鎖匠與木工之間選擇一樣。但沒有製衣。

在整個島上，除了男女有別、已婚未婚有別之外，所有的人，不分年齡，都穿同樣的衣服，每個家庭都自己裁製這種衣服。

為什麼摩爾要烏托邦的每個人都穿同樣的衣服呢？因為這樣大家就不必為了追求外表的虛榮而作無謂的浪費，整個社會可以省下很多資源。

小霍爾班繪，油畫，1527 年。摩爾是歐洲15 世紀有名的人文主義者，文藝復興時期以「人」為主的觀念以及科學精神在《烏托邦》中展露無遺。

烏托邦裡的人每天工作六小時，早上三小時，下午三小時。除了工作、吃飯、睡眠之外，就是自由時間。大家通常把自由時間用在讀書上。烏托邦讓所有的人盡量從肉體的勞動中解放出來，讓大家有更多的時間追求崇高的精神生活。因為他們認為崇高的精神生活才是人生的幸福。

烏托邦的人雖然每天只工作六小時，但卻能生產出足夠的生活必需品。為什麼呢？因為在其他社會，有很多人不事生產。如宗教界的神職者、有錢人、貴族、大地主、乞丐。此外，在其他社會，很多人雖然有工作，他們的工作卻是為了滿足人的奢侈與慾望，因此其工作是無益的。烏托邦裡的居民，人人都從事生產工作，沒有浪費人力的情形，所以每天只需工作六小時就夠了。

在烏托邦，每個家庭的家長，可以從位於住家附近

的公營倉庫，領取自己的家庭所需要的各種生活用品（各取所需）。他們想領多少，就可領多少，因為物質太豐富了，但他們不會浪費，因為沒有必要浪費。

在烏托邦，屠宰牲畜的事由奴隸來做，一般市民不准做，因為他們覺得這種事做久了，會讓人失去慈悲心。

烏托邦的奴隸來源

一、在其他國家因犯重罪被判死刑的人。這類奴隸最多。烏托邦可以從其他國家免費得到，或以廉價買來。他們在烏托邦必須不斷工作，而且被鎖鏈鎖住。

二、在烏托邦因犯罪而被降為奴隸者。他們被更加嚴厲對待。因為他們從小在烏托邦接受良好的道德教育，居然還會犯罪，實在太不可原諒了，所以必須接受比其他國家的罪犯更嚴厲的處罰。

三、其他國家主動挑起戰爭，而在戰爭中被抓到的俘虜。

四、在其他國家因貧窮而自願到烏托邦當奴隸的人。這些人最被寬大對待，除了多一些勞動外，幾乎與一般烏托邦的住民無異。

在烏托邦，吃飯的時間（午餐與晚餐）一到，街上就會響起喇叭聲，除了病人在自家用餐外，大家都到公

共食堂用餐。當然，烏托邦並不特別禁止個人在自家用餐，但大家都不會那麼做，因為公共食堂的伙食又衛生又好吃，且不須自己動手煮。

烏托邦的住民沒有旅行的自由。每個人都必須得到部族長或部族長頭領的許可，才可旅行。旅行許可證上還記載返鄉的日期。如果未經許可擅自旅行，第一次被抓到，嚴厲處罰，第二次被抓到，降為奴隸身份。

烏托邦沒有酒吧、啤酒館、妓女院。換言之，沒有墮落的機會。烏托邦也沒有隱密的地方與讓人密會的地方，你到任何地方都會被人看見，因此人們除了工作之外，就只能做健全的休閒活動。

烏托邦還有安樂死的制度。無藥可醫的重病者，在神職者與病人自己的同意下，可讓其絕食或服食毒藥在睡眠中死去。但未經同意而任意自殺的人，會遭到唾棄。自殺者的屍體不得火葬或土葬，而是隨意丟到泥沼裡面。

在烏托邦，無論男女，不可有婚前性行為，否則予以嚴厲處分，一生不得結婚。

從這些內容，我們可以大概知道摩爾心目中的理想社會是人人都過著幸福生活的社會。要怎麼做才能讓人人都幸福呢？首先就是要廢除私有財產。在摩爾看來，私有財產是萬惡之源。《烏托邦》裡有這麼兩段話：

如果一個地方存在著私有財產，所有的人都以金錢的尺度來衡量任何事物的話，這樣的社會不可能治理得很好。

只要不廢止私有財產制度，這個社會的資源就不可能被平等、公正地分配，人們就不會幸福。只要不廢止私有財產制度，大多數人就無法避免於貧困、辛苦與憂愁。

除了廢除私有財產之外，摩爾認為追求崇高的精神生活才能讓人幸福。而從事健全的休閒活動（如讀書）正是崇高的精神生活。為了讓人們專心追求崇高的精神生活，摩爾主張必須杜絕一切可能讓人墮落的機會與場所。最後，當一個人重病纏身，與幸福完全絕緣時，摩爾主張可以允許這個人安樂死。

總之，摩爾設計出來的理想社會，最主要目的就是要讓每個人都過得幸福，即使是臨終，也要盡量無痛苦地離開人世。

接下來，我們來看看培根於一六二四年執筆，一六二七年出版的《新亞特蘭堤斯》（New Atlantis）。

和摩爾的烏托邦一樣，培根的理想社會也是在一個島上。不過，摩爾達成理想社會的方法是「共產」，培根達成理想社會的方法則是「科學」。

培根為科學而死

這麼深信科學的培根，最後他的死也與科學脫不了關係。

一六二六年，培根六十五歲，某日，他坐著馬車到倫敦郊外散心。在半路上，下起雪來，培根看到飄落的雪花，突然想起一個問題：為什麼肉放雪裡面和放在鹽裡面一樣可以保存很久呢？他想要立刻做實驗，便找了一戶農家，向農婦買了一隻母雞，並請農婦將母雞的肚子剖開，自己到屋外拿了一些雪來塞進母雞的肚子裡。就這麼一番折騰，六十五歲的培根受了風寒。而且當晚他在朋友家裡過夜，他睡的那張床已經一年沒有用過，充滿濕氣。結果培根得了重感冒。幾天後就去世了。

培根是為實驗而死，為科學而死，這樣的死法不是很適合他嗎？

新亞特蘭堤斯的住民懂得充分利用科學，來改善他們的生活。例如他們利用科學的方法改良植物的品種，或創造出新品種，讓果實更大、更好吃，或讓果實生得比原來的季節更早或更晚，或創造出能夠作為醫藥用的新品種果實。他們也利用科學的方法改良動物的品種，或創造出新品種，讓動物的肉更多、更美味。

此外，新亞特蘭堤斯的住民還懂得利用科學，來預

測流行病、有害生物、農作欠收、暴風雨、地震、洪水、溫度、濕度。他們的研究人員會在事情還沒發生之前，就公佈這些資料，讓住民得以及時採取預防措施。

不，新亞特蘭堤斯的住民不僅預測氣候的轉變，以利事前防範，他們還想控制氣候。新亞特蘭堤斯有一棟很大的建築物，研究員在這棟建築物裡製造人造雪、人造冰雹、人造雨、人造雷、人造閃電，換言之，就是要晴就晴，要雨有雨的人造氣候。對他們而言，「風調雨順」不是求神拜佛得來的，而是努力研究科學來的。

新亞特蘭堤斯有各式各樣的研究所。有醫藥研究所、光學研究所、音響研究所、香料研究所、食品研究所、機械研究所、數學研究所等。每個研究所都不斷精進研究。例如機械研究所就研發出一種像鳥一樣能在天空飛的機械（飛機），以及一種能夠在水裡航行的船（潛水艇）。

新亞特蘭堤斯的住民不會閉門造車，他們知道，吸收外國的新知也是一件重要的事。因此每隔十二年，新亞特蘭堤斯就派遣研究員分乘兩艘船到全世界蒐集新的學問、科技、發明、產品、書籍等等。

新亞特蘭堤斯的住民認為發明是一件很了不起、值得頌揚的事，因此他們蓋了一條美輪美奐的迴廊，迴廊裡陳列著古往今來重要發明家的銅像，供居民瞻仰。如發現新大陸的哥倫布，還有發明船、大砲與火藥、音

樂、文字、印刷術、天文觀察、玻璃、蠶絲、小麥與麵包、糖、葡萄酒的人。當然還有新亞特蘭堤斯島上的發明家。誰發明重要的東西，就給他立像。

我們從培根的《新亞特蘭堤斯》可以知道，培根認為唯有發展科學，才能豐富人類的物質生活，讓人人衣食無缺，增進人類的幸福。在培根的眼中，科學是無所不能的，人的智慧也是無所不能的。

那麼，我們來看看陶淵明的《桃花源記》怎麼說。

晉朝的時候，有一位漁夫偶然來到一處桃花林，他想尋找桃花林的盡頭，結果進入了一個狹窄的山洞，山洞的另一邊，有一座村落，村裡有著排列整齊的房屋、肥沃的田地、美麗的水池，還有桑樹、竹子之類的植物。田間的小路四通八達，雞啼狗吠聲此起彼落，男女的衣著和外面的人完全一樣，那裡的老人和小孩全都安閒怡樂。

村民看見漁夫，大吃一驚，問他從哪兒來。漁夫告訴他們原委後，他們便邀請漁夫到家裡去，熱情款待。村民告訴漁夫說，他們的祖先為了逃避秦朝時的戰亂，才搬到這個與外界隔絕的地方。當他們詢問漁夫現在是什麼朝代時，漁夫發現他們居然連漢朝都不知道，更不要說魏晉了。逗留了幾天，漁夫告辭回去。村民囑咐他說：「你不要告訴外面的人這裡的事喲！」

漁夫回去之後，向當地太守報告此事，太守便派人

跟著他前往，可是卻怎麼找也找不到那個地方了。

陶淵明的這篇《桃花源記》非常短，全部只有三百多字，扣掉第一段交代漁夫如何來到這個世外桃源的經過，和最後一段敘述漁夫回去宣揚後，外面的卻再人也無法找到這個世外桃源，中間描述村裡生活狀態的文字寥寥無幾。因此我們看完《桃花源記》之後，只知道住在這個理想社會裡的人過著快樂和平的日子，但卻不知道他們何以能如此快樂和平。他們的制度是什麼？規範是什麼？幸福的秘訣是什麼？陶淵明隻字未提。

難道陶淵明認為只要與外界隔絕就會幸福嗎？與外界隔絕一切問題就解決了嗎？若是如此，陶淵明未免太天真了吧！

《桃花源記》是中國數千年來最具代表性、最膾炙人口的烏托邦作品，可是內容卻如此簡略，真令人感到遺憾。

我們比較西方最有名的兩篇烏托邦作品——摩爾的《烏托邦》與培根的《新亞特蘭堤斯》，以及中國最有名的烏托邦作品——陶淵明的《桃花源記》，可以發覺下列幾個值得注意的地方：

首先，摩爾、培根與陶淵明都提出了理想社會的藍圖，可是摩爾和培根的藍圖很詳盡，好像是建築師精心繪製的建築設計圖，哪裡是樑柱，哪裡是門窗，哪裡是臥室，哪裡是浴廁都一清二楚。陶淵明的藍圖卻非常簡

陶淵明像。陶淵明身處政權更迭、社會紛亂的魏晉時期，一心嚮往中國傳統儒家的大同世界，這樣的理想，在陶淵明的《桃花源記》中展露無遺。

略，簡直就像是一幅潑墨畫，雖然有朦朧之美，但沒有
實用。

　　其次，摩爾、培根與陶淵明都對現實的社會不滿，
所以想像出一個理想的目標。但摩爾與培根不只提出目
標，還提出達成這個目標的方法，摩爾的方法是「共
產」，培根的方法是「科學」。相反地，陶淵明卻只提出
目標（而且還是非常模糊的目標），而沒有提出方法。
換言之，陶淵明的理想社會是純粹的空想，摩爾與培根
的理想社會卻具有一定程度的可行性。就陶淵明來說，
他寫《桃花源記》，只是要讀者和他一起在空想中忘卻
現實社會的黑暗與人生的無奈，在潑墨畫中得到短暫的
心靈慰藉。但對摩爾與培根而言，他們經過慎密的思

考，很認眞地提出一張理想社會的藍圖，希望後人能夠照他們的方法去做，讓這張藍圖實現，讓每個人都能過著幸福的生活。

還有，我們只要稍加思索，就可發現摩爾與培根的心智幾乎與現代人無異。他們訂定目標後，提出方法，而且這個方法是經過嚴密思考得來的。因此他們的方法非常有前瞻性，就算無法完全照章實施，也具有很高的參考價值。

以摩爾的《烏托邦》來說，這本書是一五一六年寫的，可是經過四個世紀之後，一九一七年成立的蘇聯，以及一九四九年成立的中華人民共和國，甚至新加坡，都有很多設計與摩爾的《烏托邦》雷同。摩爾不止於此，還提出非常「現代」的安樂死主張，論想法的前瞻與理性，許多現代人反而遠遠不如。

再以培根的《新亞特蘭堤斯》來說，《新亞特蘭堤斯》可說是一本其準無比的未來社會預言書。培根在這本一六二四年執筆的書裡預言了飛機、潛水艇的出現，他還預言人類將能自由控制動植物的品種，甚至預言人類將能左右氣候（現在的科學家已經可以在某種條件下製造人造雨）。

此外，我們也發現摩爾與培根的思考方式很理性。例如，摩爾認為這個社會最大的問題便是在於有些人不須工作就生活得很好，有些人整天辛勞卻還不得溫飽。

因此解決問題的方法就是讓不事生產的閒置人力，加入生產的行列，這樣原先辛苦工作的人就不必那麼辛苦，人人每天只須工作六小時就行了。如果這樣還不行，摩爾不忘記提醒讀者，這社會上有很多人雖然有工作，但他們的工作卻只是在滿足別人的虛榮與不正當的慾望，因此他們的工作無益於這個社會，若讓這些人轉業，加入生產性工作的行列，就可以讓原先辛苦工作的人不必那麼辛苦。姑且不論摩爾這種想法對或錯、可行或不可行，不能否認他這種想法是理性的，是經過冷靜計算的。

像摩爾與培根這樣的人物，在中國歷史上，西潮東漸之前，很難找得到。中國的知識份子泰半和陶淵明的《桃花源記》一樣，只提得出高遠的目標，卻拿不出實際有效的方法，就算拿出方法，也是花拳繡腿，聽起來好聽，其實很空泛。例如，只要君主施仁政，就可以把國家治理得很好。或者只要大家都知禮義、知廉恥，天下就太平了。這些方法人人會說，但怎麼做呢？中國的思想家有沒有想過怎麼做才能增加糧食的生產量？怎麼做才能讓分配更公平？怎麼做才能讓人民免於天災、傳染病的威脅？怎麼做才能讓人民有更便捷的交通？

我們不禁要問，為什麼中國沒有出現摩爾與培根這樣的人，西方卻出現了呢？是什麼樣的文明造就出摩爾與培根？

蒙娜麗莎的微笑。這幅名畫現藏於巴黎羅浮宮。達文西運用光影來描繪微妙表情的手法，是 15 世紀繪畫技巧的創舉，同時他描繪出人物的心靈世界，這正是文藝復興時期「人文精神」的展現。

科學──西方近代文明的動力

摩爾與培根都是歐洲文藝復興的思想家。提到文藝復興，還有一位文藝復興的大人物值得介紹，他就是義大利的達文西（Leonardo da Vinci, 1452-1519）。培根在《新亞特蘭堤斯》裡提出飛機的構想，而無獨有偶，比培根早出生九十一年，比摩爾早出生二十六年的達文西也有過製造飛機的構想。

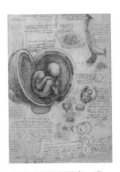

胚胎成長解剖研究。達文西對於所讀到的事情，若不經過自己親眼查驗，是不會相信的，正是因為有這樣的科學精神，達文西解剖過三十多具身體。

達文西畫有「蒙娜麗莎的微笑」與「最後的晚餐」，人人皆知。不過達文西不僅是個大畫家，也是「萬能的天才」。舉幾個例子來說吧。在軍事武器方面，他設計過攻城用的梯子，以及防守城堡用的投射機，還有各種大砲與速射砲，他甚至想過毒氣戰術的可能性。在物理學方面，達文西製造過各式各樣的槓桿，以得知哪一種槓桿可以花最少的力氣舉起最重的東西。他認為槓桿是最原始的機械，所有的機械都是槓桿而來的。他認為就像水有波浪一樣，聲音和光也可用波浪理論來說明。在天文學方面，達文

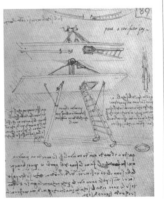

飛機設計圖。達文西的飛行機器旁，有梯子供飛行員上下，當飛機起飛時可以將梯子收起，降落時則用來降低落地衝撞，跟現代飛機的降落輪類似。

西認為地球和月亮一樣，都是反射光。在地質學方面，達文西認為在高山上之所以看得到海生動植物的化石，是因為地殼的變化讓海底隆起變成山之故。在解剖學方面，達文西一生至少解剖過三十具屍體，其中包括一個百歲的老人和一個七個月大的嬰兒，還據此畫出精確的人體解剖圖。

此外，達文西還設計過三種款式的飛機。為了設計飛機，他仔細觀察鳥、蝙蝠、蜻蜓、蚊子、蒼蠅等的飛行，並且拿各種形狀的紙片從高處往下丟，看哪一種形狀的紙片在空中停留最久。

達文西自二十一歲開始就有寫筆記的習慣。他把他觀察、思考的所得記在筆記本裡，其中當然包括飛機的構想。可是這些筆記一直不為世人所知，直到一八八一年，達文西七千頁的筆記才被人發現。在一八八一年之前，人們只知道達文西是個偉大的畫家，而不知道他還有那麼多創見。一六二六年去世的培根，恐怕不知道達文西的飛機構想。

為什麼在文藝復興時期，義大利人達文西與英國人培根不約而同，都有製造飛機的構想？這兩個生在不同國度的人有什麼共同的特徵？從達文西、培根，主張共產制度的摩爾身上，我們看到了科學的精神，否則無法精細設計機械、構築社會。

一八四○年的鴉片戰爭，中國之所以敗給英國，表

達文西的筆記。達文西是個左撇子，他的書寫方式是由右至左，因此要對著鏡子才能閱讀他的筆記。

面上好像是敗在對方的堅船利砲，其實是敗在西方的科學精神。若真是如此，那麼西方的科學精神是怎麼來的？是來自於文藝復興嗎？那文藝復興又是如何而來的呢？文藝復興其實是歐洲人憧憬古希臘時代的文化，進而想要模仿、復興希臘時代的文化而興起的時潮。換言之，文藝復興的養分，包括科學精神，是來自於希臘。因此，若要追溯西方的科學精神，必須回到希臘尋找。

　　如果西方的科學精神源自希臘，那麼我們可不可以說，中國從希臘時代就已經開始落後西方了？要判斷這樣的看法是否正確，當然必須先對希臘時代有一些了解才行。

Chapter 2. **B.C. 800 ～ B.C. 4**
希臘文明
愛 琴 海 的 曙 光

雅典的學堂，這幅畫描
繪了古希臘時期有名的
哲學家和科學家們：
1.蘇格拉底
2.柏拉圖
3.亞里斯多德
4.畢達哥拉斯
5.赫拉克利圖斯
6.狄歐吉尼斯
7.歐幾里德

建立在奴隸制度上的文明

　　讓我們翻開歐洲地圖，地中海東部是巴爾幹半島，巴爾幹半島的南部是希臘，我們耳熟能詳的雅典與斯巴達都在這兒。希臘東邊就是愛琴海，愛琴海上有很多小島，愛琴海南方還有一個較大的克里特島。愛琴海的東邊是土耳其，這裡以前叫小亞細亞（Asia Minor）。小亞細亞臨愛琴海的沿岸部份以前叫做愛奧尼亞（Ionia）。

　　以上我們提到的巴爾幹半島的南部、愛琴海上的眾

多小島、克里特島、愛奧尼亞，再加上義大利南部，以及與義大利半島只有一水之隔的西西里島，這就是希臘時代的舞台，也就是古代希臘人居住的主要地區。

這麼說來，似乎讓人覺得希臘時代的舞台好像零零碎碎的，東一塊，西一塊。的確，就是因為這樣，希臘人才分散在各地，各自為政，形成很多獨立的城邦（polis，或稱城市國家）。

自西元前八世紀中葉開始，希臘各地形成城邦。大多數的城邦，人口都很少，只不過數百人或數千人。這樣的城邦最多的時候約有兩百個，但是其中有兩個城邦卻特別大，一個是雅典，一個是斯巴達。西元前四三一年的雅典，人口約有二十五萬，其中雅典市民（雙親都是雅典人的成年男子）有三萬五千人（佔總人口十四％），奴隸則有十萬人（佔總人口四十三％）。為什麼奴隸在總人口中所佔的比率這麼高呢？我們先從奴隸制度的起源談起。

人類的歷史上之所以出現奴隸制度，一種很有趣、也很諷刺的說法是，這是文明「進步」的結果。在遠古時代，部落與部落之間常為了土地、水源或其他利益而爭鬥打仗，敗的一方不是被殺光，就是被抓來吃掉。後來文明進步，產生農業、商業，人類發現抓到戰俘後，可以當成家奴，命令他做這個做那個，或當成商品，賣給需要的人。這樣遠比吃掉更有利可圖。於是奴隸出現

了。如果說奴役戰俘比殺死戰俘或吃掉戰俘還「文明」，那這豈不是一種進步？

由此可見，奴隸是戰爭的產物。希臘時代就是如此。當希臘與其他民族發生戰爭的時候，奴隸商人總是跟著軍隊一起上前線。在希臘，除了戰爭之外，還有幾種產生奴隸的方式。

首先是出生。女奴生下的孩子不屬於母親，而是屬於母親的主人。大多數時候，奴隸的嬰孩一生下來，就會被丟到路旁而死亡。因為精打細算的主人認為把嬰孩養到大（能夠工作為止）的成本太高了。因而只有很少數的嬰孩會被留下，而這些倖存嬰孩就注定要當奴隸。

其次是掠奪。某些希臘人會到巴爾幹半島北部或俄羅斯南部襲擊當地的異國村落，擄獲健壯的年輕人，然後賣給奴隸販子。此外，由於奴隸基本上是一種可以買賣的商品，所以貧窮人家也可以把自己的子女當奴隸賣，或者當某個人無法償還負債時，也可能淪為奴隸。

奴隸是商品，是會說話的做事機器，是主人的財產，所以沒有人權，主人想怎麼對待他都行，打他、罵他，甚至殺他都行。當然很少有主人會任意虐待或殺死自己的奴隸，就像很少有人會無緣無故虐待或殺死自己的牛羊一樣。這麼做只會給主人自己帶來損失。

有人說希臘文明是建立在奴隸制度上。這個看法有相當的真實性。因為奴隸在希臘非常普遍，就像電視、

冰箱在現代社會般的普遍。幾乎每個家庭都擁有幾名奴隸（通常是一名男奴，兩名女奴），沒有奴隸的家庭在希臘可說是甲級貧戶。就連柏拉圖、亞里斯多德這樣的大學者也擁有奴隸。根據柏拉圖在生前所寫下的遺囑，他至少擁有男奴四人，女奴一人。而根據亞里斯多德的遺囑，他擁有的奴隸更多，有二十名左右。

奴隸可以在家裡洗衣、磨麥、煮飯、紡紗、織布、照顧小孩，也可以在田裡工作，在礦坑挖礦，更可以從事公共建設。雅典一位大富豪就把他所擁有的一千名奴隸租給礦場，奴隸所應得的工資（奴隸的工資與一般勞工相同），得全數交給這位大富豪。

由此可知，奴隸在希臘文明中扮演很重要的角色。如果沒有奴隸來負擔種種勞務，希臘人就必須自己去做這些事，就沒有太多的時間參與政治活動，學者恐怕也沒有很多時間去研究學問，思索人生與宇宙。這麼一來，希臘人在民主與科學，以及文學、藝術上的輝煌成就或許要大打折扣了。這就是何以有些學者認為希臘的文明是建築在奴隸制度之上。

不過也有學者認為，奴隸制度妨礙了希臘科學的發展。正是由於有奴隸可供使喚，極為方便，希臘人便缺乏動機把科學運用到日常生活上，發明一些能使生活更方便、更省力的機器。

總之，奴隸制度的存在雖然讓希臘的思想家有很多

閒暇，可以思索宇宙、天文、數學的各種問題，但也讓希臘的科學無法有效運用到生活上，改善人類的生活。奴隸制度對希臘的科學發展而言，應可說是功過各半。

人人可當官的雅典民主

自古以來，中國人一直認為自己是最有文明的國家，其他國家都是不屑一顧的野蠻國家。直到一八四二年被英國打敗（鴉片戰爭），甚至一八九五年被西化沒多久的日本打敗（中日甲午戰爭），中國才覺悟原來西方國家有很多地方勝過中國，而且是遠遠勝過。

那麼，西方國家什麼地方勝過中國呢？從清末到民初，陸陸續續有很多留學生到西方。這些留學生歸國之後，便把他們在西方的所見所聞告訴國人，沒多久，中國的知識份子就獲知他們所要的答案。在一九一九年五四運動前後，知識份子喊出中國需要「德先生」與「賽先生」的口號。因為他們知道西方國家勝過中國的主要就是「德先生」與「賽先生」，要救中國，就必須把「德先生」與「賽先生」請到中國來。

「德先生」就是 democracy，也就是民主；

這是一幅瓶畫的局部，當時流行的繪畫題材之一即是希臘人之間互相征戰殘殺的畫面。

「賽先生」就是 science ，也就是科學。民主與科學，這兩樣都是中國文明所欠缺的，即便是在歷史上的某個階段有點雛形，也不受重視，因而始終不成氣候，無法成為中國文明發展的主流。然而，民主與科學是人類所創造的文明當中最有價值的兩項東西，也是分辨文明野蠻的尺度。

中國自古以來在民主與科學這兩大領域欠缺表現，卻以全世界最文明的國家自居，不免讓人有夜郎自大的感慨。可是更讓人感慨的是，西方遠在希臘時期，也就是相當於老子、孔子的時代，就已經在民主與科學這兩大領域，留下照耀千古的不朽成績。

希臘由兩百個城邦所組成，這些城邦的文化、語言、種族都一樣，但在政治、經濟上卻互相獨立。在這些希臘的城邦裡，雅典是最有名的一個。雅典之所以有名，一來是因為她很富強，曾率領其他希臘城邦，擊敗來襲的波斯軍隊，二來是因為她在希臘各城邦中率先實行民主制度，並且實行得最好。

雅典並非一開始就是實施民主政治，而是歷經王政、貴族政治、強人政治等各種政治制度後，最後才固定在民主政治。在邁向民主政治的過程中，雅典人做了種種的改革與實驗，其中一個很有趣的民主實驗是「陶片驅逐」。

不過這項有趣的民主實驗，後來因為容易成為政治

鬥爭的手段，因而廢止不用。

經過數度改革，到了西元前四世紀，雅典的民主制度才趨成熟。成熟後的雅典民主制度有一個特色，那就是沒有統治者與被統治者的區別，每位市民，有時候是統治者，有時候則變成被統治者。

雅典的「陶片驅逐」

雅典是希臘首屈一指的陶器生產地（陶器通常用來裝葡萄酒或橄欖油後運到別的地方販賣），因此雅典到處都找得到陶器破片。為了防止強人再度出頭，實行獨裁，雅典每年都會舉行公民投票，每位公民都可在陶片上寫下自己認為可能成為強人的政治家的名字，被寫上陶片達六千張（票）以上的從政者，就必須被驅逐到國外十年，十年後才准歸國，不過在被驅逐的期間，仍保留財產。

在東方的君主專制國家，誰擔任什麼官職有時是由君主決定，有時是由血緣決定，有時是由考試決定。在現代的民主國家，官職一部分是由國家考試產生，另一部份則是由選舉或政黨內部分贓產生。在雅典，官職是由抽籤產生。譬如現在有某個官職有缺，有十人對這項官職有興趣，去報名登記，於是便從這十人當中，以抽籤的方式，抽出一人擔任這項職位。

有人或許會問：「抽籤抽中就可以當官，有這麼好的事？那一定有很多人去報名登記囉。」那可不一定。因爲薪資太少了，而且也不是每個雅典人都愛當官

雅典在剛開始實施民主制時，官員連一毛酬勞也沒有。因爲雅典人認爲任官職是一種榮譽，不需給予金錢上的酬勞。可是這麼一來，只有家中有很多積蓄的有錢人才會來報名登記，窮人不可能丟下工作來擔任無薪資的官職。於是，雅典人便稍作改變，讓官員有薪資可領。不過，官員雖然有薪資，數額卻很少，相當於現在的法定基本工資那麼多，只能勉強糊口而已。

雅典還規定官職的任期爲一年，而且每個人不得重複擔任同一官職。這樣一來可以讓更多人有機會擔任官職，二來不會讓特定的人在某個官職上做太久，而造成特權或腐敗。

不過這些規定也有例外。有些職位必須累積經驗，例如打仗經驗必須豐富的將軍，還有某些職務必須具有特殊知識，例如財務官、造船匠，這些官職不是用抽籤產生，而是以舉手贊成的方式選舉產生。

每個官員在任期結束後，必須在一個月之內，提出執務報告書和公款的出納報告書。任何市民如果發現這兩份報告書中有什麼瀆職的地方，都可向法庭提出控告。換言之，每個市民都是官員的監視者。

「市民大會」是決定國家政策的最高機構。該會由

全體雅典的市民組成，每年開會四十次，出席人數必須超過六千人才能開會。為了鼓勵市民踴躍出席，還發給出席者津貼，讓他們覺得放下手邊的工作出席民會也不會有太大的損失。

「評議會」也是個重要機構。評議會每年由十個區各選出五十名三十歲以上的代表，總共五百位代表。評議會主要功能有兩個，一個是輔助、監督官員，一個是擬定議案，交付民會表決。評議會除了假日之外，每天開會。和官員一樣，評議員的薪資也僅能糊口。

在司法方面，雅典沒有職業法官，只有陪審官。人人都有機會當陪審官，怎麼當？還是抽籤！有興趣當陪審官的人就去登記報名，然後抽籤，每年有六千個名額。每個案件出席的陪審官人數不定，一般法律案件有四、五百名陪審官出席，政治性的案件則有上千名的陪審官出席，由這些陪審官以秘密投票來決定被告是否有罪。至於六千名陪審官中，哪些陪審官出席哪個案件也是由抽籤決定。

就像沒有職業法官，雅典也沒有職業檢察官，任何市民都可控告任何人的不法事情。不過為了防止濫告，雅典規定若陪審官的五分之一以上沒有認定被告有罪，則原告必須繳納相當於一般官員日薪一千倍的罰款，這可不是一筆小錢。

總結以上所述，雅典的立法、行政、司法三大部門

中，立法部門的最高機構「市民大會」，由全民參加。行政部門中的各級官僚由全民抽籤擔任。司法部門的陪審官也是由全民抽籤擔任。

這麼民主的制度出現在與孔子同一時期的西方，而中國數千年來卻從未發展出類似的民主制度，甚至絕大多數的中國人想都沒想過天底下有這樣的政治制度。以孔子為首的中國歷代思想家也從不為人民爭取應有的權利，只一昧期盼皇帝施仁政，少抽點稅，多愛點人民。

有趣的是，這麼令人欣羨的民主制度，當代的希臘思想家，如蘇格拉底、柏拉圖、亞里斯多德等人卻持批判態度。蘇格拉底認為官職以抽籤決定是愚蠢無比的事。理由是，船長、工匠、吹笛手這種即使在工作上有什麼誤失，也不至於造成大禍的職位，都不是以抽籤產生，而官員做錯事，可能禍國殃民，反而用抽籤產生，豈不荒唐？柏拉圖則認為，最理想的政治是由哲學家來執政。可見他對雅典由全民參與的民主政治的品質不以為然。

有些現代學者也對希臘的民主政治採取批判態度。他們認為希臘的民主制度是建立在奴隸制度之上，而且佔人口比例多數的奴隸並沒有參與政治運作，如果沒有奴隸替每個家庭做工、生產，希臘人哪有閒工夫出席這個會，出席那個會，討論這個，討論那個？

不過，儘管有這些批評，西方在那麼早的時期就曾

經有過實施民主政治的紀錄，這讓身爲東方人的我們，感到既羨慕又不可思議。那些以爲中國人是全世界最聰明，中國文化是全世界最優秀的大中國主義者，以及那些主張台灣任何東西都應本土化的人士，如果好好研究希臘的文明，就會明白自己的渺小與無知。

航海與貿易刺激了科學的發展

希臘人居住的地區，包括巴爾幹半島南部、愛琴海上的眾多小島、克里特島、愛奧尼亞、義大利南部，以及西西里島。這些地區很少平原，大部份是山地，而且地質貧瘠，不適合種植穀物，只能種橄欖、葡萄等經濟作物。因此，希臘必須從埃及和黑海方面輸入小麥，自己則輸出橄欖油、葡萄酒、陶器及其他金屬器具。換言之，希臘必須與其他地區不斷維持貿易關係，才能生存。而希臘若要與其他地區貿易，就必須乘船出海才行。船是希臘人與其他地區來往的唯一交通工具。

另一方面，地中海風平浪靜，尤其在夏季，整個地中海就好像一個湖泊一樣，沒有什麼大浪，巴爾幹半島沿岸及愛琴海一帶又有很多大大小小的島嶼，加上地中海氣候乾燥，水手憑著肉眼就可以清晰看到遠方的陸地或島嶼。對航海工具和航海知識都很粗淺的古代水手而言，暴風雨少，離陸地島嶼不遠，大大降低了他們對航海的恐懼心理。

因此，希臘人樂於航海、勇於航海。航海與貿易成為希臘文明中很重要的要素。甚至可以說希臘文明根本就是航海、貿易的文明。這與終生固守著陸地，埋首經營農業文明，不善於航海的中國人，剛好成對比。

　　當然，中國人不善於航海，絕不是中國人的錯，因為中國沒有像地中海、愛琴海那樣絕佳的航海環境。對古代的中國人來說，乘船到日本或東南亞，需要極大的膽量。在黃海、東海、南海航行的危險性遠高於在地中海。秦始皇曾派徐福率童男童女五百人乘船到日本尋求長生不老藥，結果一去不回。元世祖忽必烈於西元一二七四年與一二八一年兩度派遣大軍渡海攻打日本，結果兩次都碰到暴風而慘敗。無論是以農為生的漢人，或是以畜牧為生的蒙古人，航海都不是他們所擅長的。

　　而航海的發達刺激了希臘人在科學上的發展。為了增加航海的安全性，希臘人研究星象、天文，以便在夜晚航海時，能夠藉著觀測星象，確定自己的位置。希臘人也研究幾何，因為運用幾何學，可以測知海上的船隻離陸地上的某個定點有多遠。希臘人也對為何刮風、為何下雨感興趣，因為這些自然現象與航海的安全有密切關係。

　　在考慮希臘人的航海與科學的關聯性時，還有一件事值得注意。那就是，航海與貿易讓希臘人得以遠赴異地，見識、體驗其他民族的風俗與生活。水手把他們在

這幅古星象圖，出自
《天文學專論》，彼得·
阿皮安（Petrus AP-
ianus），1540 年作。

異國的所見所聞轉述給國內的人，希臘的學者也經常乘船到異國（尤其是埃及）遊學，吸收異國文化的精華。

由於與異國的頻繁接觸，希臘人不僅吸收了鄰近先進文明（美索不達米亞文明與埃及文明）的養分，還透過觀察與比較彼此的差異，發現人類的生活、習慣、傳統、信仰的非絕對性，而會用較客觀的態度去觀察這個宇宙。這種客觀的態度對科學發展有相當程度的助益。

所以說，需要航海、善於航海的希臘人發展出科學；不需要航海、不善於航海的中國人，沒有發展出科學。航海文明似乎較大陸文明更容易發展出科學。中國人之所以不善於航海，是因為所處的地理環境不適合航海（以古代簡陋的航海工具來說），而且也沒有非航海不可的強烈動機。反之，希臘人所處的地理環境非常適合航海，而且希臘人也有強烈的動機需要航海。

泰勒斯──希臘的自然科學之父

位於小亞細亞海岸的愛奧尼亞有個靠貿易而繁榮的希臘城邦米利都（Miletus）。米利都現在雖然已經歷經戰火而成為廢墟，但它不僅曾經繁榮過，而且還是希臘哲學的發祥地。希臘的自然科學與哲學之父（在古代，科學與哲學是不分的，科學家就是哲學家）泰勒斯（Thales, B.C. 640-546）就是在米利都誕生。

泰勒斯生於西元前六四○年，比老子（B.C. 579-

499）早生六十一年，比孔子（B.C. 552-479）早生八十八年。

泰勒斯有一則膾炙人口的軼聞。他小時候曾是鹽商的學徒。有一回，他和往常一樣牽著一匹身上揹著好幾袋鹽的驢子進城。途中經過一條河流時，驢子一不小心摔倒了。當牠站起來時，發現背上沉重的鹽袋居然變輕了。驢子不曉得鹽被水溶化的道理，以為只要在河中摔倒，就可以讓背上的貨物變輕，於是打定主意，每次經過河時，一定要故意摔倒。

聰明的泰勒斯很快就發現驢子的技倆，並決定好好地教訓這匹懶驢。他讓驢子揹好幾袋的舊衣服、碎布、海綿之類能大量吸水的東西。果然，驢子過河時，重施故技，再度摔倒。可是當牠爬起來時，卻發現背上的貨物不但沒減輕，反而變重了。從此，那匹驢子過河時小心翼翼，再也不敢跌倒。

泰勒斯長大後，有一次到埃及做生意時，在當地一所寺廟發現一些數學和天文學的書籍。泰勒斯深受這些書籍的吸引，連夜翻讀，回到希臘後，便開始專心研究數學與天文學。後來他發現並證明了四個重要的幾何定理。

A. 二直線相交所形成的對角角度相同。

B. 等腰三角形的兩底角角度相同。

C. 兩個三角形的兩角夾一邊若都相同，則這兩個三角形相同。

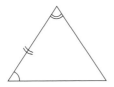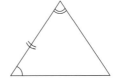

D. 內接半圓之角為直角。

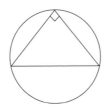

泰勒斯運用上述第三項定理，計算出位於海上 A 點

的船隻到陸地上 B 點的距離。若這兩個三角形完全一樣，那麼只要算出陸地上 DB 之間的距離，就可知道 AB 之間的距離。

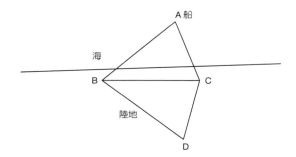

希臘人認為星星是神，泰勒斯則是希臘第一個認為星星不是神，而是自然物體的思想家。他認為星星是燃燒的物體。他也是希臘第一個主張日蝕是月亮擋在太陽與地球中間所發生的現象。泰勒斯還預言紀元前五八五年五月二十八日的日蝕，把當時的人嚇了一跳。

泰勒斯在數學與天文學方面都有了不起的創見，但是他在人類文明史上所留下的最輝煌的貢獻，則應該是他對萬物本源的看法。

遠古的人類如何解釋每天看得到的自然現象？他們如何解釋太陽的運行、月亮的變化、打雷、閃電、刮風、下雨？還有，他們如何解釋人是怎麼來的？這個宇宙是怎麼來的？一萬年前，一百萬年前，就有了人，有了各種動物，有了這個世界嗎？那麼，一億年前，一百

億年前呢？

　　面對這些連三歲小孩都可能問，卻又深奧無比的問題，古代的人大致有三種對應方式。

　　第一種方式是，既然想不通，既然找不出合理的解釋，就不去碰這些問題，把這些問題丟到九霄雲外。因為想也是白想。

　　例如孔子、孟子等中國的主流派思想家就屬於這一類。他們從不碰這類難解的問題。這樣的態度，講好聽一點，是負責任的態度，因為他們「知之為知之，不知為不知」，他們不會明明不懂還胡吹亂蓋。但是講難聽一點，這樣的態度卻是逃避問題。上述的那些問題，像為什麼會打雷？為什麼會下雨？人是怎麼來的？宇宙是怎麼來的？這些問題不重要嗎？身為思想家，難道沒有責任為芸芸眾生提出比較合理的解釋嗎？

　　第二種方式是以超自然的神、鬼來解釋。例如說這個宇宙是神創造的，人也是神創造的，打雷是因為天上有雷神，當然還有司掌閃電、風、雨、太陽和月亮的神。總之，這世界上所有無法解釋的現象都可用神、鬼來解釋。這種解釋法非常方便，但也非常偷懶。

　　古代的人類，不分民族，不分膚色，都曾用這種方式來解釋上述問題。但是不一樣的是，有些民族千百年來都一直沿用這種解釋，無法跳脫，有些民族發展到某個時期，卻會出現一群思想家，提出比較科學的解釋，

也就是第三種方式。

　　泰勒斯是有史以來第一個不用「神」來解釋萬物本源的思想家。

　　泰勒斯認為萬物的本源是「水」。亦即這個世界一開始只有水，後來經過自然演變的過程，才漸漸產生其他物質。為什麼泰勒斯認為萬物的本源是「水」呢？或許是水具有無所不在，而又變化多端（可變成液體、氣體、固體）的特性之故吧。

赫拉克利圖斯（Heraclitus, B.C. 540-480）

　　有一次，泰勒斯在夜空下觀察星象時，因太過專注，不小心掉進水溝裡。一位少女取笑他：「連自己的腳邊都看不清楚，還妄想瞭解浩瀚的星空！」

　　有人問泰勒斯：「天底下什麼事最難？」

　　他回答說：「了解自己最難。」

　　那人又問：「什麼事最容易？」

　　他回答說：「給別人忠告最容易。」

　　對方又問：「什麼事最讓你快樂？」

　　他回答說：「當我達成目標的時候。」

　　果然是大哲學家，字字珠璣。

如果沒有了神，萬物從何而來？

　　泰勒斯有一位門生阿那克希曼德（Anaximander,

B.C. 611-547），也是米利都人。在泰勒斯的薰陶下，阿那克希曼德也對萬物的本源有興趣，不過他的看法和他的老師不同，他認爲萬物的本源不是「水」，而是「無限的東西」。這個「無限的東西」後來變成「熱」和「冷」，然後「熱」變成火，「冷」變成空氣、水、土以及萬物。

阿那克希曼德有一位門生，名字和他很像，叫做阿那克希米尼（Anaximenes, B.C. 585-525），也是米利都人。阿那克希米尼認爲萬物的本源是「空氣」，空氣稀化，產生火，空氣濃化，依序產生風、雲、水、土、石。太陽、星星與月亮是大地的濕氣升到空中後，稀化而產生火，然後才變成太陽、星星與月亮。

阿那克希米尼還對自然界的種種現象提出解釋。例如他認爲風是因爲空氣受到壓迫而產生，雲是空氣凝聚而產生，雪是因爲空氣凝聚、變濕之後降落地面，閃電是風把雲吹裂時產生，彩虹是陽光照射在凝聚的空氣上時產生，地震是氣溫反覆冷熱之後土地變質的結果。

這樣的解釋當然不是很正確，但重要的不是正不正確，而是阿那克希米尼肯觀察這些自然界的現象，並且思索這些現象的成因，而拒絕人云亦云，把自然現象歸諸於神的意旨。把無法解釋的現象統統丟給鬼神是一件最容易的事，但卻是思想上的怠惰與不長進。

赫拉克利圖斯（Heraclitus, B.C. 540 — 480）也是出

生於愛奧尼亞的學者，他認為萬物的本源是「火」。火收縮變濕氣，濕氣收縮變水，水收縮變土。

與上述這些哲學家比較起來，出生於西西里島的恩培多克勒（Empedocles, B.C. 493-433）似乎別具創意。他覺得為什麼萬物的本源必須是一種，而不能是多種？他主張構成宇宙的有四種要素，即赫拉克利圖斯主張的「火」，阿那克希米尼主張的「空氣」，泰勒斯主張的「水」，以及恩培多克勒自己加上去的「土」。

亞里斯多德（Aristotle, B.C. 384-322）也贊成恩培多克勒的四元素說，進一步主張四元素是由兩組相反的性質，即溫與冷，乾與濕，所形成。溫與乾形成火，溫與濕形成空氣，冷與乾形成土，冷與濕形成水。

以上這些希臘的思想家認為宇宙萬物的本源是某種（或某幾種）物質，這種物質逐漸變化而產生其他物質，其他物質也逐漸變化而產生萬物。在這整個過程中，也就是從「萬物的本源」到「萬物」的過程中，沒有神介

孔子晚年致力於教育。圖中的孔子正在為學生授課，孔子教學的內容和言論被他的弟子集結整理成《論語》，是中國傳統儒家思想的根基。

入的餘地。換言之，他們排除了自古流傳下來的「神創造萬物」的神話，他們不人云亦云，他們竭盡自己的智慧與想像力，提出一個自認為最合理、最有可能的答案，來解釋萬物的本源、宇宙的始源。

這幾位思想家了不起的地方當然不只這點。例如，阿那克希曼德是歷史上第一個用數字來說明宇宙星體間關係的人。他認為從地球到星星、月亮、太陽的距離比，分別是地球直徑的九倍、十九倍、二十七倍。阿那克希曼德在生物學上也有獨到的見解，他認為最初的生物是在水中，而人是魚變化來的。後世的科學史家當中，便有人依此認為阿那克希曼德是進化論思想的先驅。此外，據說阿那克希曼德還是第一個畫世界地圖的人，因此他可說是史上第一位地理學者。不過這張傳說中的世界地圖早已不存在，因此我們無從得知阿那克希曼德畫得像不像。

從以上的敘述，我們可以發現希臘的思想家與中國的思想家有很大的不同。

有人問中國的大思想家孔子，人死之後會如何？孔子回答說：「未知生，焉知死？」還有人問孔子關於鬼神的事，孔子拒絕回答。因為「子不語怪力亂神」，他寧可敬鬼神而遠之。

孔子對他不懂的、想不明白的事物，完全不願發表意見。他比較感興趣的問題是人與人應該如何相處，在

上位的人應該如何對待下位的人，在下位的人應該如何對待上位的人，社會才會保持和諧，國家才會長治久安。

希臘的思想家不是如此。他們對「宇宙是怎麼來的？」「萬物是怎麼來的？」這種深奧無比的問題，大膽提出自己的答案。而且他們的答案是經過理性的思考，是他們認為最合理的解釋。當他們去世後，他們的門生，他們的子孫則提出自己認為更合理的答案，來解釋宇宙生成之謎。每個答案都成為後人在思索這個問題時的參考。每個答案都可能刺激出更合理，或更有創意，或更接近事實的答案。這是希臘的思想家與中國的思想家不同的地方。

孔子出生於西元前五五二年，比泰勒斯晚出生八十八年，比阿那克希曼德晚出生五十九年，比阿那克希米尼晚出生三十三年，比赫拉克利圖斯早出生十二年。他們都算是同一時代的人。在那個時代，東西文明已經顯露截然不同的本質。而造成這種不同本質的原因，可能由於一邊是大陸的農業文明，一邊是航海的貿易文明。

德謨克利圖斯（Democritus, B.C.460-370）可能是希臘最博學、最偉大的思想家。為什麼說「可能」呢？因為德謨克利圖斯的著作幾乎都已不存在，我們只能從當代其他人的著作裡，在提到德謨克利圖斯的字裡行間，獲得關於他的有限資料。

和希臘的大多數思想家一樣，德謨克利圖斯也是個

大旅行家。他藉著旅行增廣見聞、開拓視野。他幾乎對所有的學問都有興趣，他的著作涵蓋了數學、天文學、地理學、生理學、醫學、植物學、言語學、生物學、物理學、倫理學、文獻學、文學史和音樂等領域。不過，他在人類文明史上留下最驚人的貢獻則是他提出的原子理論。

德謨克利圖斯認為萬物都是由小到不能再小的一種物質所組成。這種物質叫做原子（atoms，這個希臘字是『不可分割』的意思）。德謨克利圖斯認為原子是一種小到無法再分解，也無法溶解的固體粒子。它有無限多，而且永遠不滅。萬物之所以不同，就是因為其組成的原子的形狀、大小以及排列的順序不同之故。所以只要原子的形狀、大小以及排列的順序改變，物體也會跟著改變。

這是多麼不可思議呀！為什麼距今兩千四百年前的人，在沒有顯微鏡、沒有任何實驗儀器的情況下，能夠光憑想像力，想出離事實不遠的原子理論？為什麼中國古代以及中國歷代的思想家想不出這樣的東西？而中國的思想家究竟在想些什麼？中國的思想家，尤其是位居主流的儒家，似乎對宇宙的真相沒有興趣，他們只對現實生活與人際關係有興趣。

德謨克利圖斯的原子理論比前述泰勒斯、阿那克希米尼等人的主張更具有唯物論與無神論的傾向，因此不

容於後世狂信的基督教徒，而難逃被燒毀的命運。這就是爲什麼德謨克利圖斯的著作現在幾乎都已不存在的原因。這麼絕頂聰明的人，如此世紀的大天才，他的著作居然永遠消失了，這絕對是人類文明史上最讓人痛心的損失之一。

畢達哥拉斯與芝諾

畢達哥拉斯（Pythagoras, B.C. 570-497）

大家在學生時代都學過有名的「畢氏定理」。直角三角形有兩個邊夾著直角，所謂畢氏定理，就是這兩個邊的平方和等於斜邊的平方：

$$a^2 + b^2 = c^2$$

這個定理是希臘人畢達哥拉斯（Pythagoras, B.C 570-497）所發現的，所以稱爲畢氏定理。

畢達哥拉斯生於愛奧尼亞的薩摩斯島(Samos)，曾到埃及、波斯、中亞各地旅行。六十歲時，他在義大利的克羅頓創設教團。畢達哥拉斯和他的教團形成畢達哥拉斯派。畢達哥拉斯派在天文學、物理學和生物學上也有著墨，但仍以數學上的成就對後世貢獻最大。畢達哥拉斯派認爲數是萬物的原理，因此經常鑽研數學，希望能從其中找出宇宙的秘密。首先把自然數區分成偶數與奇數的是畢達哥拉斯派。他們也發現三角形的三內角和等於兩個直角的和。還有，無理數也是他們發現的。如圖，若定正方形 ABCD 的每邊長爲 1，則對角線 BC 的

長度爲$\sqrt{2}$，這$\sqrt{2}$就是無理數。畢達哥拉斯並且算出$\sqrt{2}$的近似值。

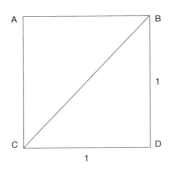

在天文學方面，畢達哥拉斯派認爲宇宙中所有的天體都是圓球狀，爲什麼呢？因爲他們認爲圓形是世上最完美的圖形。

芝諾（Zeno, B.C 490-430）可能是希臘時期最會詭辯的學者。他提出一個讓對方明明知道是錯誤的，卻又不知如何反駁的問題。他說，即使希臘跑得最快的阿奇里斯和動作緩慢的烏龜賽跑，只要是烏龜先跑，阿奇里斯就永遠無法超越烏龜。爲什麼呢？假設烏龜先跑，飛毛腿阿奇里斯沒多久就從後面急起直追，逼近烏龜，但是因爲烏龜並非靜止，而是一直向前移動，因此一旦阿奇里斯來到烏龜的所在地點 A 時，烏龜已向前移到點 B（即使點 B 離點 A 非常近），等到阿奇里斯來到點 B時，不斷往前移動的烏龜又往前來到點 C（即使點 C 離點 B 非常非常近）。就這樣子，阿奇里斯永遠無法超越

烏龜。

　　聰明的你，知道應該如何反駁芝諾這個似是而非的說法嗎？

蘇格拉底、柏拉圖與亞里斯多德

　　有人說孔子、蘇格拉底、釋迦牟尼、耶穌（按照出生先後排列）是人類歷史上的四大聖人。這四位聖人有一個特徵，那就是他們都擁有忠心耿耿的門生或信徒，在他們去世後，努力宣揚他們的思想。

　　以蘇格拉底（Socrates, B.C. 469-399）來說，蘇格拉底生平沒有任何著作傳世，好在他有一位名聲不下於他的學生——柏拉圖，在自己的著作中拼命介紹老師的生平與思想，而讓蘇格拉底的精采人生得以永留青史。

　　蘇格拉底曾說：「我什麼都不知道，我只知道自己無知。」

　　這位知道自己無知的哲學家，娶了一位凶悍無比，整天嘮叨個不停的惡妻。旁人既同情又疑惑，蘇格拉底怎會娶這種女人？便問蘇格拉底。蘇格拉底回答說：「想要精於馬術的人，都是挑悍馬騎，一旦悍馬騎順了，要騎其他馬就容易多了。如果我能忍受這個女人，那麼天底下就找不到難以相處的人。」

　　旁人覺得蘇格拉底沒有講真話，便繼續追問：「你怎麼能夠忍受你那個老婆整日喋喋不休呢？」蘇格拉底

伯羅奔尼撒戰爭。

回答說：「就像水車轉動時發出的聲音，聽習慣了，就不會覺得刺耳。」

有一次，蘇格拉底的惡妻又大發雷霆，對著蘇格拉底破口大罵。蘇格拉底一言不語，若無其事地坐著看書。惡妻看丈夫毫不理會，更加發火，便提了一桶水，往蘇格拉底頭上潑下去。全身溼透的蘇格拉底抬起頭來，歎了一口氣說：「我就知道打雷之後，會下傾盆大雨。」

其實，在有關蘇格拉底的事蹟當中，最讓人印象深刻的，不是他的惡妻，而是他的死。不過在談他的死之前，我們先談他的生。

蘇格拉底生於西元前四六九年（比孔子晚八十三年，比釋迦牟尼早六年）的雅典。父親是個石匠，母親是個助產婆。從後人為蘇格拉底雕塑的人頭像來看，他

的外貌實在不怎麼出色，禿頭、獅子鼻、滿臉鬍鬚。在希臘的哲學家當中，蘇格拉底的思想或許最接近中國的儒家。他說：「知識就是道德。」他認為哲學家的任務不是在於理解自然、支配自然，而是在於安定社會的秩序。對他而言，研究天文學是在浪費時間。他覺得倫理道德與政治比自然科學重要得多。不過，他也承認數學是訓練思考能力的好方法。

　　蘇格拉底三十八歲時，兩個最強的希臘城邦——雅典與斯巴達之間發生了戰爭，也就是長達二十七年的伯羅奔尼撒戰爭（Peloponnesian War, B.C.431-404）。結果，在波斯帝國的援助下，斯巴達擊敗了雅典。雅典無條件投降。

　　戰爭結束後，在斯巴達的扶持下，雅典的三十位寡頭派政客掌握政權，實

蘇格拉底之死，大衛（Jacque Lousi David）繪。

行獨裁。他們趕走民主政治
的領袖，沒收富人的財產，
實行激烈的改革。但這卻引
起了民眾的疑慮與不安，八
個月後，民主主義者反擊成
功，寡頭派政權崩潰。

　　蘇格拉底有個學生叫
克里提斯（Kritias, B.C.
460-403），他是這三十位寡
頭派政客的領導者之一。此

柏拉圖學院。作於西元
27 年，位於義大利龐
貝一座別墅的鑲嵌壁
畫。

外，另一位寡頭派政客是蘇格拉底的叔叔。由於這個緣
故，蘇格拉底被認為與寡頭派政權有密切關係。

　　民主派政權想要除去蘇格拉底，可是民主派政權在
接收政權的時候，為了穩定人心，下特赦令，不再追究
以往的政治行為，因此他們無法以蘇格拉底與寡頭派政
權的密切關係，來起訴蘇格拉底。他們只好另外找了兩
個罪名來起訴蘇格拉底，一個是誘使青年墮落。另一個
是不信仰國家所認定的神。當然，這是欲加之罪，何患
無辭。在五百位陪審官的投票之下，蘇格拉底被判有
罪，而且被判死刑。

　　蘇格拉底在牢裡關了一個月。這段期間，和蘇格拉
底從小一起長大的好友克里頓（Crito）勸他越獄，但他
拒絕。行刑的日子終於來到。獄吏含著眼淚端來毒酒，

蘇格拉底拿起酒杯一飲而盡。一旁的克里頓再也忍不住，手搗著臉哭了起。蘇格拉底安慰好友一陣子之後，躺平身體，等待死亡的來臨。此時他開始感覺腰部以下逐漸麻木且冰冷了起來，他用布蓋住自己的臉，一會兒，又掀開臉上的布，對克里頓說：「克里頓，我必須獻給阿斯克勒庇俄斯（希臘的醫療之神）一隻雞才行，你幫我還這個債吧，別忘了！」克里頓點點頭又問：「還有什麼要交待的嗎？」可是，他再也聽不到蘇格拉底的回答了。

多麼從容的死！臨終前能這麼豁達，這麼視死如歸，一般人即使想學恐怕也學不來吧。

蘇格拉底的弟子柏拉圖（Plato, B.C. 427-347）也生於雅典。他曾廣泛遊歷。西元前三八七年，他在雅典創設一所學園。這所學園維持了九百多年，直到西元五二九年才被東羅馬帝國皇帝查士丁尼（Emperor Justinian, 482-565）下令關閉。

柏拉圖認為要培養理性，最好的方法就是學數學，尤其是幾何學。因此他在學園的大門口豎立一塊牌子，上面寫著：「不懂幾何學的人，禁止進入！」由此可見他對數學的重視。在柏拉圖眼中，幾何學是一切學問的基礎，所以要進學園求教的人，起碼得先把幾何學學會。事實上，不只是柏拉圖，幾乎所有的希臘學者都很重視數學，尤其是幾何學。

對希臘人而言，幾何是人類文明的代表。幾何學可說是希臘文化的象徵。

由於柏拉圖重視數學，因此柏拉圖學園培養出不少優秀的數學人才，例如尤得塞斯（Eudoxos, B.C. 408-355）、德愛德特斯（Theaitetos, B.C. 415-369）、歐幾里得（Euclid）。這些人在西方數學史上都佔有一席之地，由此可見柏拉圖學園對數學教育的貢獻有多深遠。

亞里斯多德（Aristotle, B.C. 384-322）

對希臘文化理解頗深的羅馬政治家西塞祿（Cicero, B.C. 106-43）在《國家論》裡，以及羅馬建築師維特魯威（Vitruvius, B. C. 90-20）在《建築書》裡敘述了同一則軼聞：

一位希臘人在海上遭遇暴風雨，他和同伴被浪沖到一個不知名的海灘。同伴們很擔心這是個無人孤島，但他發現沙灘上有幾何圖形，就安慰同伴們說：「這裡有人的痕跡。」他認定這裡有人居住，不是因為看到房子或農田，而是因為看到幾何圖形。

柏拉圖的弟子當中，最有名的就是亞里斯多德。亞里斯多德生於馬其頓的斯塔吉拉城。父親是馬其頓國王的侍醫。亞里斯多德十八歲時入柏拉圖的學園，在學園待了二十年，直到西元前三四七年，柏拉圖去世後，亞里斯多德才離開學園。西元前三四二年，馬其頓國王腓

力聘請他去擔任王子亞歷山大的家庭教師。教了三年。西元前三三四年，亞里斯多德在雅典開設自己的學校，這所學校叫做呂克昂學園（Lykeion）。

亞里斯多德經由多人的協助，得以蒐集到一百五十八個都市國家的的法制，成為他研究政治哲學的基礎材料，同樣的，他也透過別人的協助，蒐集到生物學的材料。亞里斯多德被後人稱為「萬學之祖」，因為他研究的領域非常廣泛，可說上自天文，下至地理。在這麼多的領域當中，他做得最出色的應該是生物學。

亞里斯多德觀察過五二〇種以上的動物，他將這些動物分類，並記錄這些動物的生活與繁殖的習性。他對反芻類的胃的描述，以及他對哺乳類生殖器系統與排泄系統的記述，其詳細與正確的程度，讓人相信他曾親自解剖過。他對雞蛋孵化過程的詳細描述，也讓人相信他或他的弟子一定有做過雞蛋孵化過程的實驗。

西元前三二三年，亞里斯多德離開雅典後，將呂克昂學園交給弟子昔奧弗拉斯托斯（Theophrastus, B.C. 372-286）管理。此後三十五年，奧弗拉斯托斯擔任學園校長，他被稱為「植物學之父」，以觀察所得，寫成《植物誌》和《植物的本源》。這兩本劃時代的書可以和他的老師亞里斯多德的動物學著作相輝映。

狄歐吉尼斯（Diogenes, B.C. 400-323）

狄歐吉尼斯和伊比鳩魯
——人生以單純快樂為目的

伊比鳩魯（Epicurus, B.C. 341-271）

　　據說古代希臘犬儒學派（Cynic）的哲學家狄歐吉尼斯（Diogenes, B.C. 400-323）爲了過單純的生活，而住在一個大木桶裡。因爲他認爲人必須過最單純的生活才能幸福。

　　犬儒學派反文明、反社會，他們認爲世俗的習慣和形式沒有價值，因而過著像狗一樣簡單的原始生活。他們認爲世上的權威只是可笑的錯覺罷了。

　　當時征服全希臘，聲望達到頂點的亞歷山大大帝耳聞狄歐吉尼斯的事蹟，想見見這個人，狄歐吉尼斯卻拒絕前往亞歷山大處。亞歷山大大帝只好移樽就教，親自拜訪狄歐吉尼斯。

　　亞歷山大大帝到的時候，狄歐吉尼斯正在邊曬太陽，邊抓身上的蝨子。大帝問道：「我是亞歷山大，你想要我爲你做什麼事嗎？」

　　狄歐吉尼斯回說：「你擋住我的陽光了，請站旁邊一點行不行？」

　　言下之意，他對能夠給他任何東西的大帝沒有任何要求，只求別擋住他的陽光。

　　在回程的路上，亞歷山大大帝邊陷入沉思，邊喃喃自語：「如果我不是亞歷山大，我倒希望我是狄歐吉尼

斯。」

　　伊比鳩魯（Epicurus, B.C. 341-271）和畢達哥拉斯一樣，也是生於愛奧尼亞的薩摩斯島。三十五歲時，他前往雅典定居，買了一棟有庭院的房子，並以此為學校。伊比鳩魯有教無類，他的學生之中，不但有男有女，還有奴隸。

　　伊比鳩魯認為人來到這世上，就必須過得快樂。可是大多數人卻不快樂。其實要過得快樂很簡單，只需要做到——

　　一、少慾知足。盡量簡化物質生活，把物質慾降到最低，便容易過得快樂。對伊比鳩魯而言，只要吃一片麵包，喝一杯水，躺在地板上睡覺，就心滿意足。

　　二、不畏懼神。人們內心害怕二樣東西，所以不快樂。一是害怕神。人們害怕侍候神不夠周到，怕遭到神的處罰。為了得知神的意旨，人們只好求教於神官，可是那些神官哪裡會知道神的意旨呢？他們不過是神棍罷了。人們聽信這些神棍，做了很多愚蠢的事。其實，神根本不管人間的事，神哪會管張三偷了別人的錢，李四搞婚外情，王五每逢初一、十五都不燒香？神才不管你們人世間的雞毛蒜皮事。人類之所以能夠享受文明的成果，完全是因為人類自己的努力，與神無關，因此不必感謝神。與其向神祈禱，不如信賴自己。

　　三、不畏懼死。另一樣令人害怕的事情是死亡。人

們知道自己遲早會死，所以都害怕死，每天活在死亡的陰影中。但是死有什麼好怕的呢？人死之後，就不存在了，就沒有任何感覺了，有什麼好怕的？人死了，就和出生之前一樣，對這世界完全沒有感覺。我們不會因為一個世紀前沒有出生而悲哀，既然如此，我們怎會因為一個世紀後沒有活著而悲哀呢？

伊比鳩魯：世界上沒有神，就算有，也管不到人

關於神與人世的罪惡，伊比鳩魯提出四種狀況：

1. 神想要除惡，卻無能力除。
2. 神有能力除惡，卻不想除。
3. 神既無能力除惡，也不想除。
4. 神既有能力除惡，也想除惡。

如果神真的那麼偉大，並且能主宰萬物，那麼前面三種狀況就不會存在。必須是第四種狀況才行。可是如果是第四種狀況，為什麼我們這個社會裡還存在惡呢？

於是伊比鳩魯得到一個結論，這世上根本沒有神，或者這世上有神，但這神根本不會管人間的事。既然如此，人為何要怕神呢？

對伊比鳩魯而言，人死後就不存在，沒有來世，沒有輪迴，來世、輪迴之說都是騙人的或安慰人的。因此

人必須把握此生，珍惜現在，追求快樂。但追求快樂可不是追求聲色犬馬，而是要追求內心的寧靜。

伊比鳩魯給人類提供了三大解放。一是從物質的慾望中解放，二是從神的陰影中解放，三是從死亡的陰影中解放。難怪馬克思讚美伊比鳩魯，說他是最偉大的人類解放者。

伊比鳩魯有三百卷著作，但只有少數書信與殘篇傳世，這可能是被基督徒破壞之故。因為在基督徒眼中，伊比鳩魯根本是無神論者，基督教要人時時把神擺在心中，伊比鳩魯卻教人把神拋在腦後，他們怎能容忍伊比鳩魯的這種邪說迷惑眾生呢？當然只有徹底毀滅一途。

還有，後世人經常誤以為伊比鳩魯主義就是享樂主義，而享樂就是縱情於物慾、聲色。沒錯，伊比鳩魯主張人生的目的在於追求快樂，但是在伊比鳩魯眼中，快樂可不是酒色財氣，而是心靈的平靜。因此與其說伊比鳩魯主義是享樂主義，倒不如說是一種禁慾主義。不，在伊比鳩魯眼中，禁慾其實就是為了要享樂，享受心中真正的快樂。

阿利斯塔克斯與希波克斯──從宇宙看世界

阿利斯塔克斯（Aristarchos, B.C. 310-230）和畢達哥拉斯、伊比鳩魯一樣，也是出生於愛奧尼亞的薩摩斯島。阿利斯塔克斯的著作之中，只有一本傳世，《關於

太陽與月球的大小和距離》。阿利斯塔克斯在這本書裡用幾何學的方法測量出地球、太陽與月球之間的關係。

阿利斯塔克斯「測量」地球、太陽、月球的直徑、體積、距離之間的比，與實際的數字有相當大的差距。但是縱然如此，這樣的嘗試仍有其非凡的意義。

阿利斯塔克斯還有另一項偉大的主張，那就是他認為宇宙的中心是太陽，而不是地球，地球每天自轉，也繞著太陽轉（公轉），太陽則不動。阿利斯塔克斯的這種主張可稱之為「太陽中心說」（地球繞著太陽而轉動）。可是當時的學者大都認為地球是宇宙的中心，太陽繞著地球轉動。這可稱之為「地球中心說」。就一般人的生活感覺而言，太陽每天從東邊昇起，慢慢移到頭頂正上方，然後西沉，因此應該是太陽繞著「我們」而轉，怎會「我們」繞著太陽而轉呢？因此當時很少人同意阿利斯塔克斯的主張。

歷史上第一個主張地球繞著太陽而轉的，不是波蘭人哥白尼（1473-1543），而是比哥白尼早出生一千七百八十三年的希臘人阿利斯塔克斯。現代人都知道「地球繞著太陽而轉」，都認為這和「一加一等於二」一樣，是顯而易見、不須爭辯的真理。那是因為從小開始，父母、老師、書本就灌輸我們這個觀念。但是在距今兩千兩、三百年前，在人們還靠著生活感覺去認識這宇宙萬物的時候，阿利斯塔克斯能夠跳脫一般人的視野，超越

自己的生活感覺，猶如從地球外的觀點來觀察宇宙，這是何等不容易的事!?

阿利斯塔克斯的天體測量

1. 地球的體積對月球的體積是，比 1259712：79507 大，比 216000：6859 小。換言之，地球的體積約比月球大 16 至 31 倍（實際是大 49 倍）。

2. 地球到太陽的距離是地球到月球的距離的 18 倍至 20 倍。（實際是 400 倍）。

3. 太陽的直徑是月球直徑的 18 至 20 倍。（實際是 400 倍）。

4. 太陽的直徑與地球的直徑相比，比 19：3 大，比 43 比 6 小。換言之，太陽的直徑是地球直徑的 6.3 倍至 7.2 倍（實際是 109 倍）。

5. 地球的直徑與月球的直徑相比，比 108：43 大，比 60：19 小。換言之，地球的直徑是月球直徑的 2.5 倍至 3.2 倍（實際是 3.7 倍）。

阿利斯塔克斯真是個了不起的天文學家，但是還有一位天文學家的發現更讓我們瞠目結舌，那就是希波克斯（Hipparchos, B.C. 190-125）。希波克斯完成了一本記錄八百五十顆恆星位置的星表，估算了太陽和月亮距地球的相對距離，求出太陽年的長度，發現春分、秋分、太陽軌道的傾斜，並且發現「歲差現象」。所謂歲差現

象，是指由於太陽與月球對地球赤道隆起部份的吸引，使得地球的自轉軸無法維持固定的方向，而不斷發生微小的變化，這種地軸的長期運動就稱為歲差。西元前二世紀的希波克斯希是歷史上第一個發現歲差現象的人。在我們中國，西元四世紀的晉朝，有一位名叫虞喜的天文學家，也發現了歲差現象。

波克斯並且也是個數學家，他確立了三角法（尤其是球面三角法）。和阿利斯塔克斯一樣，希波克斯也推算月球與太陽的直徑與距離。他認為如果把地球的直徑定為三，那麼三個天體的直徑比就是三：一：三七。地球到月球的平均距離是地球半徑的六十七又三分之一倍，地球到太陽的距離是地球半徑的兩千四百九十倍。

腓力二世於伯羅奔尼薩戰爭期間逐一併吞希臘各城邦，並於西元前337年組成泛希臘聯盟，向波斯帝國宣戰，但隨即遭到暗殺。

希臘文明勢力的擴展

在巴爾幹半島北部有個國家馬其頓。馬其頓因與希臘各城邦為鄰，而逐漸希臘化。到了國王腓力二世（Philip, B.C. 382-336）時，勵精圖治，成了強國。腓力二世很重視孩子的教育，他在王子亞歷山大（Alexander, B.C. 356-323）十三歲時，為他聘請希臘第一流的學者亞里斯多德做他的家庭教師。亞里斯多德擔任亞歷山大三年的家庭教師。

西元前三三八年，腓力二世率兵入侵希臘。二年後，腓力二世被人暗殺，亞歷山大大帝即位。西元前三三四年，亞歷山大大帝率領三萬步兵、五千騎兵，開始他的征服事業，征服了埃及、波斯，最遠還打到印度河。可是亞歷山大大帝卻在凱旋歸來的途中死於瘧疾。

亞歷山大大帝去世後，他的帝國分裂成三部份：敘利亞的塞琉西德王朝（Sele-ucids）、埃及的托勒密王朝（Ptolemy）以及馬其頓。

馬其頓於西元前一六八年為羅馬所敗後，王國被分割成四個共和國，王國名存實亡。西元前一四八年，成為羅馬屬州。塞琉西德王朝於西元前六三年為羅馬所滅。托勒密王朝於西元前三〇年為羅馬所滅。

由於亞歷山大大帝在征服的過程中，把希臘的文化帶到他所征服的地區，因此後人就把亞歷山大大帝去世（西元前三二三年）起，到西元前三〇年埃及的托勒密王朝為羅馬所滅為止的這段期間，稱為泛希臘化時代（Hellenistic

這是一幅地面鑲嵌畫，現存於義大利國家考古博物館，畫中描述亞歷山大與波斯國王大流士交戰（圖左騎馬者）的情形。

Age）。泛希臘化時代之後，就是羅馬時代。

西元前三二三年，亞歷山大去世後，帝國的版圖分裂成三部份。亞歷山大的一位大將托勒密一世（Ptolemy, B.C. 366-283）成為其中一塊版圖——埃及的統治者，並於西元前三〇五年稱王，建立托勒密王朝（B.C. 305-30，共十五代）。著名的埃及女王（艷后）克麗奧派屈拉八世（Cleopatra, B.C. 69-30）就是托勒密王朝的最後一代統治者。

托勒密一世重視學術，其子托勒密二世（B.C. 308-246）也是賢君，大力獎勵學術，首都亞歷山卓因而成為希臘的文化、學術中心。托勒密一世對人類歷史最大的貢獻是建立了亞歷山卓研究中心（Mouseion，前後有六百年歷史）。

亞歷山卓研究中心以亞里斯多德的呂克昂學園為範本，但規模龐大得多。其目的在研究與教育。托勒密一世從各地聘請一百多位學者到亞歷山卓研究中心來作研究與教學，薪資由王室給付。亞歷山卓研究中心除了設有很多研究室與教室外，還設有天文觀測所、動物園、植物園，並設有解剖室，供醫學者解剖人體。此外，其附屬圖書館是歷史上最大規模，有藏書五十至七十萬卷，並且聘請專人每天抄寫各種珍本書籍。這真是人類歷史上空前優越的研究環境。

在亞歷山卓研究中心前後六百年的歷史中，最重要

的是數學大師歐幾里得與天文學者希波克斯健在的最初
兩個世紀。

歐幾里得與阿基米德──古今第一數學天才

　　歐幾里得（Euclid, B.C. 325-265）是柏拉圖的學
生，曾於西元前三〇〇年左右在亞力山卓研究中心教
書。歐幾里得蒐集了所有希臘時代的數學研究成果，詳
加整理，予以系統化，完成不朽的大作《幾何原本》十
三卷。其中，第一卷論述三角形、平行線、平形四邊形
與正方形。第二卷論述面積的變形。第三卷論述圓。第
四卷論述圓的內接與外接。第五卷論述比例。第六卷論
述比例在幾何學上的運用。第七卷到第九卷論述數的性
質（例如，奇數乘以奇數一定等於奇數，奇數乘以偶數
一定等於偶數）第十卷論述無理數。第十一卷論述線與
面、面與面、立體角、平行六面體、立方體、角柱。第
十二卷論述圓的面積、角錐、角柱、圓錐、圓柱、球的
體積。第十三卷論述線段的分割、正多角形的邊、正多
面體。

　　《幾何原本》是西方流傳最廣的數學書，普及率不
下於聖經。直到十九世紀為止，《幾何原本》一直是西
方初等數學的權威。千百年來，西方人一代接著一代地
習練《幾何原本》中的問題，一代接著一代培養出邏輯
推理的能力以及科學思考的習慣，這種邏輯推理的能力

以及科學思考的習慣因而深深滲入西方的文化當中。《幾何原本》對西方文明的鉅大貢獻，恐怕沒有別的書能與其匹敵。

歐幾里得去世後經過了大約一千九百年，義大利耶穌會教士利瑪竇（Matteo Ricci, 1552-1610）來到中國傳教，並且於一六○五年與徐光啓合作，將《幾何原本》的前半部翻成中文。可惜這本書沒有得到那時的中國統治者應有的重視。當時在位的明神宗（萬曆帝）對西洋科學不感興趣，固然令人扼腕，但是更令人遺憾的是，清朝最聰明睿智的皇帝康熙，對西洋科學極感趣，甚至命令耶穌會傳教士湯若望、南懷仁，張誠與白進先後爲他講解數學，如果康熙能將西洋數學列入科舉的必考課目，讓成千上萬的學子從小就必須習練數學，讓中國的知識份子脫胎換骨，培養出邏輯推理的能力以及科學思考的習慣，那麼康熙之後的中國歷史，以及世界歷史，說不定會徹底改寫。

關於《幾何原本》有一則軼聞。埃及王托勒密一世覺得《幾何原本》十三卷實在太過浩瀚，沒時間讀，便問歐幾里得有沒有更快的方法學會幾何學，歐幾里得回答說：「回稟陛下，幾何學沒有王道。」意思是說學幾何學必須按步就班，沒有捷徑，即使是位高權重的國王，也是一樣。

除了《幾何原本》之外，歐幾里得還著有《光

學》、《反射光學》、《音樂原論》、《天文現象論》、《雜題集》。

在科學史上，歐幾里的名氣可說如雷貫耳，不過，還有一個人的名氣不下於他，那就是阿基米德（Archimedes, B.C.281-212）。阿基米德可說是希臘最偉大的科學家。他生於西西里島的西拉庫薩（Syracuse），父親是個天文學家。阿基米德曾到亞歷山卓研究中心留學，之後回到故鄉西拉庫薩。

有一回，西拉庫薩的國王請一位工匠用黃金做一頂皇冠。皇冠做好了，很漂亮，可是卻有人向王打小報告：工匠偷工減料，皇冠並不是用純金打造的，而是滲了一些銀在裡面。王很生氣，但無法判斷皇冠是否用純金打造，便請阿基米德設法鑑定。阿基米德苦思好幾天，仍然想不出來。有一天，他在洗澡時，發現身體一進入澡盆，水就溢出來，而且自己的身體在水中也變輕了，他突然想出了解答，高興的衣服也沒穿，就衝到街上去，邊大聲喊著：「我找到了！我找到了！」阿基米德找到的就是物理學上的阿基米德原理：物體浸入液體中所受到的浮力，等於它所排出實質液體的重量。

槓桿原理也是阿基米德發明的。有一次，阿基米德對國王說：「給我一個支撐點，我就可以移動地球！」國王不信，阿基米德便帶國王到海邊，海邊有一艘大帆船，平常必須耗費很多人力才能拖到岸上，但是阿基米

德利用槓桿原理便能一個人將船輕易拖上來。

羅馬與北非的迦太基（Carthago）發生戰爭，而西拉庫薩正好位於義大利半島與迦太基之間，很難置身事外，必須在羅馬與迦太基之間選擇一個作朋友，西拉庫薩選擇迦太基，結果引來羅馬軍的攻擊。此時，阿基米德應國王之請，為西拉庫薩軍發明很多屬害的武器，對付羅馬軍。例如，當羅馬的軍艦離岸有一段距離時，便用大型的投石器投擲大石，讓其沉沒。當軍艦靠近岸邊時，便用槓桿和滑輪讓其翻覆。當軍艦逃離時，便用凹面鏡使其著火。這些屬害的武器讓羅馬軍吃足了苦頭。

但是最後人多勢眾的羅馬軍還是攻進了西拉庫薩。當羅馬兵持刀闖入阿基米德的住家時，阿基米德正在一個畫好的幾何圖形旁邊思考問題，羅馬兵毫不留情地砍死了這位希臘最偉大的科學家。臨死之前，阿基米德朝著這位羅馬兵說出最後一句話：「別碰我的圖形！」

歐幾里得（Euclid, B. C. 325-265）

阿基米德在數學和物理學上有很多發現。例如他算出了圓周率 π 介於 3.14084507 … 與 3.14285714 … 之間，因此 π 的近似值就是 3.14159265 …。

他還發現球以及與其外接圓柱之間的關係。他算出圓柱的體積是球的二分之三倍，同時圓柱的表面積也是球表面積的二分之三倍。他對這個發現很引以為傲。去

世後，家人便按照他的遺囑，在他的墓碑上刻了一個內接於圓柱的球。

　　阿基米德以實驗的方法與數學的方法作研究，這和伽利略、牛頓所使用的科學方法沒什麼兩樣。事實上，伽利略從阿基米德那兒學了很多東西。伽利略的老師的老師是塔塔利（Tartaglia, 1499-1557）。塔塔利曾經將阿基米德的著作翻譯成拉丁文。在伽利略的著作《新科學對話》裡，阿基米德的名字出現了五次。由此可見阿基米德對「近代科學之祖」伽利略有非常大的影響。

牛頓先生，你慢了一千九百年

　　根據美聯社於二○○○年十月十五日所發佈的新聞指出，美國科學家運用先進科技，將使古希臘數學家阿基米德的著作《浮體論》重新問世。共有一百七十四頁的《浮體論》抄本原先寫在羊皮紙上，但於十二世紀遭到刮除。其中的文字與圖表包含現代微積分與萬有引力理論的根源。若真是如此，那麼，牛頓生平的主要創見微積分與萬有引力理論恐怕是比牛頓早出生一千九百多年的阿基米德所發現的。

希羅、托勒密與蓋倫

　　希羅（Hero of Alexandia）生於什麼時候是件眾說

紛紜的事。有人說他是西元前一五〇年至西元前一〇〇年的人，有人說他西元六二年至一五〇年的人。他寫了很多書，有「測量術」、「照準儀」、「氣體裝置」、「自動裝置的製作法」、「希羅的投石器具與對稱」、「機械術」、「水鐘」、「反射光學」、「圓形天花板的工程」，與幾何學有關的著作有「定義」、「幾何學」、「求積法」、「立體幾何學」。

希羅在「測量術」這本書裡提出一個有名的公式，即所謂的「希羅公式」：任意三角形的三邊為 a、b、c，則此三角形之面積為

$$\sqrt{(a+b+c)/2 \cdot (a+b-c)/2 \cdot (a+c-b)/2 \cdot (b+c-a)/2}$$

這公式太長，若要簡化，可定 s = (a + b + c) / 2，則三角形之面積為

$$\sqrt{s(s-a)(s-b)(s-c)}$$

希羅的「氣轉球」。

《氣體裝置》是一本很有趣的書。希羅在這本書裡介紹了七十八種器具。這些器具都是利用氣體或水蒸氣的性質而使其產生某種作用。其中最有名的就是「汽轉球」。如圖如示，鍋子裡有沸騰的熱水，水蒸氣沿著一條管子通到鍋子上方的圓球中（另一條管子只作為支撐），圓球有兩個開口朝相反方向的鉤狀短管，蒸氣從這兩個鉤狀短管的開口往球外噴出，圓球就轉了起來。

顯然，這是利用蒸氣的力量讓圓球轉動的器具。希羅製作這樣的器具，目的何在？他的目的可能只是爲了好玩。但即使這只是個玩具，卻足以讓我們驚訝早在希臘時代，西方人就知道蒸氣可以產生力量，而且這力量可以爲人所用。希羅的這個「汽轉球」可說是最原始的蒸汽機，大約比瓦特的蒸汽機早了一千八百年。

希羅的「自動聖水販賣機」。

「自動聖水販賣機」也是個有趣的器具。這個器具擺在神殿前面，任何人只要將硬幣放進投幣孔中，就會有「聖水」流出。「自動聖水販賣機」的結構是這樣，如圖所示，在投幣孔的正下方有一個湯匙狀的東西，當硬幣投入，擊中湯匙時，原本維持平衡的湯匙，會如蹺蹺板般，一邊降低，一邊揚起，揚起的匙柄拉起出水口的塞子，「聖水」便流出。

還有一個有趣的器具是「自動門」。「自動門」的結構是這樣，如圖所示，神官點燃祭壇的火，讓祭壇內的空氣膨脹，空氣膨脹後，沿著管子往地下的圓球移動，並且壓迫圓球內的水，水受到壓迫後，沿著管子流到水桶內，於是水桶下降並拉緊繩索，繩索讓地下的圓柱轉動，轉動的圓柱則開啓神殿的門，一旦祭壇的火熄滅，門又關上。

希羅的「自動門」。

希羅除了著述之外，還在亞歷山卓創立一所理工學校。這所理工學校除了教授算術、幾何、物理、天文學等理論學科之外，還有木材加工、金屬加工、機械組裝、建築等的實習。

「汽轉球」、「自動聖水販賣機」和「自動門」，這些都是別具巧思的發明，讓兩千年後的我們忍不住驚嘆。希羅真是個科學怪才，可惜他的巧思沒有用來發明產業機械或其他對人類更有益的東西。或許這是因為當時有很廉價的勞力——奴隸供人們使用，使得希羅這樣的發明天才缺乏動機去發明產業機械吧！

西元前 290 年亞歷山卓研究中心建立，供學者研究和教學。藏書高達五十萬冊以上，同時是古代圖書複製品的交易中心。

托勒密（Ptolemy, 100-168）是晚古時代最偉大的天文學家，也是對後來西方影響最大的天文學家。他綜合了他那個時代所能知道所有的天文知識。他寫的《天文學大全》（Almagest，這本書的看法主要來自希波克斯）是十六世紀以前最重要的天文學著作。以地球為中心的托勒密體系在被哥白尼推翻之前，一直居權威地位。他另一本重要的著作《地理學入門》也對後世影響極大。

《地理學入門》的初期手抄本沒有地圖，十三、四紀時，有人根據原文作成地圖。後人之所以能根據原文作成地圖，是因為原文裡有約八千個地點，那八千個地點的經緯度或距離都有詳細記載。

如同托勒密綜合了當代所知所有的天文知識，古代

的大醫學者蓋倫（Galen, 130-201）也綜合了當時所有的醫學知識。他寫了很多的醫學書，內容包括解剖學、生理學、病理學、醫學理論、治療學、臨床醫學、外科等。蓋倫是個非常優秀的解剖學者，他詳細記述了骨、肌肉、神經、關節、血管與內臟。

以上我們介紹了一些希臘時代傑出的思想家、科學家。他們的智慧與思想的結晶在人類文明史上留下了不朽的足跡。巧的是，在同樣的時代，在差不多的緯度（北緯三十至四十度之間），在距離雅典東方一萬公里的地方，也就是中國，我們發現那兒也有很多思想家不約而同地爭相發表他們的創見。班固在《漢書》藝文志裡，把這些春秋戰國時代的思想家分為十家：儒家、道家、陰陽家、法家、名家、墨家、縱橫家、雜家、農家和小說家。這十家中，除小說家之外的九家則合稱為「九流」。

在同樣的時代，同樣的緯度，東西兩大文明不約而同蹦出智慧的火花。想像力豐富的人或許會認為這樣的巧合是否與當時太陽黑子的異常活動有關。對於這樣的臆測，我們只能姑妄聽之。然而，比較雙方思想家的思索方向，我們發現兩邊畢竟截然不同。希臘的絕大多數思想家把他們的精力擺在數理科學的領域。中國春秋戰國的十家當中，勉強具有科學色彩的卻只有墨家。而且翻開《墨子》看一看就知道，裡面的文字古奧，非常難

懂，尤其〈經上下〉〈經說上下〉及〈大小取〉六篇更是
佶屈聱牙，同樣一句話，由於意思曖昧不明，可能有數
種，甚至數十種的解釋。因此墨子去世後，墨家便分裂
成三派：相里氏之墨、相夫氏之墨和鄧陵氏之墨。各派
都認爲只有自己的解釋才是眞正合乎先師意思的解釋，
其他的解釋都是謬誤的。分裂後的墨家逐漸失去影響
力，到了漢武帝獨尊儒術之後，更是在中國的歷史舞台
上消失蹤影。

　　至於古希臘的科學文明，雖然發熱發光獨領風騷了
數個世紀，但在遭遇到一個新興的、巨大的，而且具有
強烈排他性的宗教之後，卻像是被澆了一盆冷水似的，
突然失去了光與熱，黯然退居到歷史舞台的角落。

Chapter 3. B.C.4 ~ 1200
劫後餘生
希　臘　文　明　的　沒　落　與　延　續

不寬容的基督教

布隆齊諾，壁畫，佛羅倫斯埃萊奧拉教堂祭壇畫，1540年。
摩西帶領族人逃離埃及，法老的追兵緊跟在後。摩西一聲令下，紅海的海水就分開了，摩西和族人順利渡過紅海，身後的埃及追兵則被回捲的海水淹沒。

　　希臘時代那麼光輝燦爛的科學文明，到了羅馬時代之後就逐漸沒落。我們再也看不到泰勒斯、德謨克利圖斯、歐幾里得、阿基米德那樣的超級巨星出現在歷史舞台，直到十四、五世紀的文藝復興。到底是什麼樣的原因促成古代科學的沒落？一個可以想得到的原因是，羅馬人忙著擴張領土以及鞏固既有的領土，使得他們對建築與法制的興趣遠勝過探索大自然的奧秘。這或許是原

因之一，但不是最重要的。更重要的原因可能是基督教的興起。

宗教大致可分成多神教與一神教兩種。多神教崇拜很多神，印度的印度教、中國的道教、日本的神道都是屬於多神教。一神教只崇拜一個神，最典型的一神教就是猶太教。

基督教脫胎自猶太教。根據猶太教的聖典所記載，猶太人的祖先亞伯拉罕（又稱亞伯蘭）在上帝的召喚下，帶領族人移居迦南，也就是巴勒斯坦。上帝還答應亞伯拉罕，讓亞伯拉罕和他的後裔能永遠住在巴勒斯坦。不料後來巴勒斯坦發生飢荒，亞伯拉罕的孫子雅各只好帶著族人移居埃及。

這群猶太人到了埃及之後，雖然不用再受飢餓之苦，可是不久卻淪為埃及人的奴隸，過著辛苦又沒尊嚴的日子。後來，猶太人中出現了一位智勇雙全的民族英雄摩西，帶領同胞逃離埃及。

摩西率領猶太人逃離埃及之後，在西奈半島流浪了四十年。有一日，眾人在半島南部的西奈山休息時，上帝召喚摩西到山頂，並授十誡給摩西。摩西下山，向眾人宣佈這十條誡律。

在十誡中的第一誡很清楚地宣示：猶太教是一神教，只崇拜一個神，那就是名叫耶和華的上帝。除了這個上帝之外，信仰猶太教的猶太人絕不會崇拜另外的

這是 13 世紀聖經插圖中的亞伯拉罕像。亞伯拉罕 75 歲時聽到耶和華的召喚，要他前往迦南尋找新家園。圖中亞伯拉罕抱著聖嬰，說明了亞伯拉罕和耶穌的傳承關係。

神，否則便違反了上帝的誡律。

那麼，如果有人（猶太人）違反了這條誡律，會有什麼下場呢？在《聖經·出埃及記》第二十二章第二十節如此寫道：「不只祭祀耶和華，還祭祀別的神的人，必要滅絕。」

十誡

一、我是耶和華——你（指猶太人）的上帝。除了我以外，你不可有別的神。

二、不可雕刻、跪拜偶像。

三、不可隨便稱呼耶和華——你上帝的名。

四、要努力工作六日，但第七日要安息，無論任何工作都不可做。

五、要孝敬父母。

六、不可殺人。

七、不可姦淫。

八、不可偷盜。

九、不可作偽證陷害人。

十、不可貪圖別人的財產，不可貪戀別人的妻子。

這幅中世紀的手卷插圖，描繪摩西從上帝手中接受十誡，即是所謂的「摩西十誡」，這是史上第一次用人與神訂立契約的方式，所提出來的一神信仰。

由此可見，猶太教是個非常嚴厲的宗教。任何猶太人，崇拜其他神，處死！為什麼猶太教規定只准崇拜上帝，不准崇拜其他神，否則就處死呢？為什麼如此嚴厲呢？有的歷史學家認為這是因為摩西率領猶太人逃離埃

及之後，在西奈半島流浪時，為了團結猶太人，凝聚猶太人的向心力，使猶太民族不致分崩離析，便「創造」出一神教，讓所有的猶太人只崇拜一個共同的、只屬

於猶太民族的神——上帝。並且以極嚴厲的處罰——死刑，來維繫這項規定。

老克爾那赫16世紀的十誡壁畫，局部（不可敬拜偶像、不可稱上帝的名）。

　　猶太教有兩個特色，第一，它是一神教；第二，它是民族宗教。為什麼是民族宗教呢？《聖經‧申命記》第七章第六節記載摩西向猶太人傳達上帝的意旨：

　　「耶和華——你的上帝從萬民中揀選你，特作自己的子民。」

　　換言之，猶太民族是上帝的「選民」，上帝只眷顧、鍾愛、護佑猶太人。因此猶太教是猶太人的民族宗教，只屬於猶太人，其他民族不會信仰猶太教。

　　猶太教是一神教，猶太教徒認為全世界只有一個真正的神，那就是他們所信仰的神——上帝（耶和華）。至於其他的神，其他民族所信仰的神，都是冒牌的神或邪惡的神。這是猶太教精神的所在，他們對此非常執著，他們絕對不允許任何一位猶太教徒信仰上帝以外的

羅馬時代的基督教剛開始發展的並不順利，甚至遭受迫害。圖中畫的是第一位基督殉道者司提反在羅馬被亂石砸死的情形。

神。這是個非常不妥協、非常不寬容的宗教。這跟中國人的信仰態度截然不同，中國人在信仰上是很投機的，哪個神靈驗，就拜哪個神，或者乾脆每個神都拜，以免得罪了哪一個神。

基督教源自於猶太教，因此與猶太教一樣，信仰唯一的神，而且也和猶太教一樣不妥協、不寬容。《聖經‧出埃及記》第二十三章還這麼記載：「我的使者要在你前面行，領你到亞摩人、赫人、比利洗人、迦南人、希未人、耶布斯人那裡去，我必將他們剪除。你不可跪拜他們的神，不可事奉他，也不可效法他們的行為，卻要把神像盡行拆毀，打碎他們的柱像。」

〈申命記〉第七章也這麼記載：「耶和華——你上帝領你進入要得為業之地，從你面前趕出許多國民……。耶和華——你上帝將他們交給你擊殺，那時你要把他們滅絕淨盡……拆毀他們的祭壇，打碎他們的柱像，砍下他們的木偶，用火焚燒他們雕刻的偶像。」

由此可見，猶太教與基督教的耶和華是何等痛恨其他的神，視異族的神猶如眼中的砂，非除之而後快。

由於基督教是源自於猶太教，因此剛開始的教徒清一色都是猶太人，當時的人甚至以為這個教團是猶太教的一個支派。可是後來教徒之一的保羅（Paul）積極向非猶太人傳教，基督教才逐漸成為超越種族的宗教。而母胎猶太教則仍然侷限在民族宗教的藩籬內，始終陶醉在她的選民思想中。

格羅姆，油畫，1883年。羅馬時代迫害基督教徒的方式之一，是將基督徒送進競技場餵獅子。而基督徒面對迫害的態度，則是虔誠的對上帝禱告，請求上帝寬恕敵人，並感謝神賜與殉道的機會。

不過，基督教雖然積極向非猶太人傳教，卻引來統治者的疑慮，並遭到政治壓迫。第一個迫害基督徒的羅馬皇帝是尼祿（Nero, B.C. 37-68）。西元六十四年，羅馬發生大火，尼祿諉罪於基督徒，大肆搜捕、處死基督徒。據說保羅與耶穌的大弟子彼得也在此次的迫害中喪生。但是基督徒卻不因此而屈服，他們愈遭到迫害，信仰愈堅貞，甚至還以殉道為榮。因此基督徒的人數反而愈來愈多。

後來歷經圖密善（Domitian, B.C. 51-96）、狄克烏斯（Decius, 200-251）、戴克里先（Diocletian, 245-316）等幾位羅馬皇帝的迫害、禁教，基督徒依舊有增無減，

甚至逐漸變成一股讓統治者無法忽視的勢力。到了君士坦丁大帝（Constantine I, 274-337）時，便乾脆順應時勢，於西元三一三年，廢止禁教令，讓基督教合法化。君士坦丁大帝臨終前還受洗，成為基督徒。迫害他們的統治者不但停止迫害他們，現在反而加入他們，成為基督教的一份子。

君士坦丁大帝去世後五十五年，也就是西元三九二年，基督教獲得全面的勝利。因為就在這一年，羅馬皇帝狄奧多西（Theodosius, 346-395）下令定基督教為羅馬帝國的國教，基督教成為羅馬帝國唯一合法的宗教！

數百年來受到長期壓迫的基督教，現在鹹魚大翻身。他們似乎想一吐長年的怨氣似的，開始攻擊希臘羅馬的傳統宗教，迫害傳統宗教的信徒，破壞各地神殿。在國家的護持下，基督教會對異教與異端展開迫害、拷問、處死，其手法與往昔統治者加諸於他們身上的如出一轍。

基督教從被害者搖身一變，成為加害者。這樣子的演變，就基督教的本質而言，是毫不令人意外的。因為如前所述，基督教是一神教，不容異己。當然，現在由於自由、平等、人權已成為普世的價值，基督教已知道尊重別人的信仰。

西元四世紀，君士坦丁大帝被軍隊擁立為皇帝，不但承認基督教為合法宗教，並歸還過去沒收的教產。後來君士坦丁本人也受洗成為基督徒，當時的羅馬錢幣上，除了君士坦丁大帝頭像之外還出現基督教象徵符號。

基督教的擴張造成古典文化的沒落？

　　基督教在擴張初期，受到羅馬帝國一再打壓與迫害，令人同情，可是當基督教成為羅馬帝國的國教之後，狂熱的基督教徒便開始破壞與基督教教義不合的希臘文化。

　　為什麼希臘文化與基督教教義不合呢？例如，基督教認為宇宙萬物為上帝所創造，希臘哲學家卻不這麼認為，他們認為萬物起源於水、火、土、空氣，或任何物質，卻偏偏把神排除在外。故狂熱的基督教徒視希臘思想為眼中釘，欲除之而後快。他們破壞一切帶有希臘文化色彩的文物、書籍。就像秦始皇焚燒所有他認為有礙統治的書籍一樣，狂熱的基督徒也盡可能消滅一切不利基督教擴張的希臘文化、希臘思想。

　　西元三九一年，令人痛心的事發生了。古代最偉大的學術象徵亞歷山卓城圖書館遭到狂熱基督徒的無情破壞，從此在歷史上銷聲匿跡。

　　還有一件悲慘的事件。當時一位知名的女學者希帕蒂婭（Hypatia, 375-415）成了狂熱基督徒洩忿的犧牲品。希帕蒂婭的父親是亞歷山卓城的天文學家和數學家。希帕蒂婭本身通曉古代科學，尤其是哲學、數學、天文學、醫學等領域。她是史上第一個為人所知的女學者。她的聰明、才智與高尚的品德使她成為亞歷山卓城

最有影響力的導師，但卻被某些基督徒視爲異教徒。據《羅馬帝國衰亡史》的作者吉朋（Gibbon）所述，西元四一五年的某日，四十歲的希帕蒂婭在前往學園的途中，被一群狂熱的基督徒從馬車上拖下，剝光衣服，拉到教堂，用棍棒打死。這群基督徒並不因爲希帕蒂婭已經斷氣而滿足，他們還用牡蠣的殼把她的肉從骨頭上刮下來，砍下她的手腳，丟入火中。

古文明的沒落

十六世紀義大利的美術史家瓦薩利（Giorgio Vasari, 1511-1574）在《義大利藝苑名人傳》中，提到西方古代的藝術自四世紀君士坦丁大帝時開始沒落時，說：「蠻族在各地興起，和羅馬人作對。大帝國開始崩潰，全世界與羅馬市都淪爲廢墟。所有最優秀的藝術家，彫刻家、畫家、建築家都失去蹤影。……在所有的敵人之中，最兇惡的就是基督教的狂熱信仰。這個信仰經過長期的血腥爭鬥，最後推翻、消滅了異教徒世界自古以來的教條。他們竭盡心力糾正異教的謬誤，一旦發現任何異端的遺孽，都會除去。他們破壞精美的塑像、彫刻、鑲嵌細工，以及異教神的裝飾。」

瓦薩利是文藝復興時期最偉大的藝術史家。1550 年他出版了《義大利藝苑名人傳》，拿義大利當時的成就與古人的偉業相比，將這兩者之間的退化時期稱爲「中世紀」（the Middle Ages）。

當時，異教的哲學家與科學家不僅要擔心狂熱基督徒仇視的眼光，還得擔心政治的迫害，最有名的實例就是查士丁尼皇帝（Emperor Justinian, active. 527-565）於五二九年下令關閉柏拉圖在雅典所創設的學園，並禁止異教徒從事教育工作。

從事科學研究的人被打入黑五類，另一方面，從事基督教會工作的人則成了紅五類。基督教的神職人員不但收入豐厚，而且廣受民眾尊敬。神職既然是名利雙收的職業，自然吸引社會精英競相投入。而從事哲學、科學研究的人，即使不是過街老鼠，人人喊打，也飽受異樣眼光，且收入微薄，成為社會邊緣人。

於是，希臘文化在西方舞台逐漸消逝。基督教取而代之，控制了西方人的生活、思想與價值觀。西方人不再探索宇宙的奧秘、大自然的真相，而是探索上帝與耶穌透過《聖經》向他們傳達什麼意旨。就思想史的角度而言，西方在中世紀之所以被稱為黑暗時代，除了因為蠻族入侵之外，更因基督教勢力籠罩歐洲，並驅逐希臘思想所造成。因為歐洲從此成為「一言堂」，一切與基督教教義相違背的言論、思想、書籍都會遭到迫害、打

Chapter 8
劫後餘生

壓。就如同儒家思想在中國漢朝得到「獨尊」地位後，中國的文化、思想就不再進步，如同一灘死水，西方文化也在基督教獲得「獨尊」地位後，化為一灘死水，直到文藝復興，希臘思想才再度復活，再度影響西方。

當然，我們不懷疑基督教在教化人心，在提昇人類道德情操上的價值，就如同我們也不懷疑儒家思想在這方面的價值。但是，任何思想、宗教若與政治力結合，在政治力的護持下，獲得「獨尊」的地位，並對與自己的意識形態不合的思想、宗教施以壓迫，不讓別人有生存空間，那麼對這個社會而言，絕不是值得慶賀的事。

蒙塵的希臘文化

那位把基督教定為國教的羅馬皇帝狄奧多西於三九五年去世時，將東羅馬帝國與西羅馬帝國分別讓給他的兩個兒子，造成東西羅馬帝國就此分離。西羅馬帝國由於蠻族的入侵，於西元四七六年滅亡。東羅馬（拜占庭）帝國則沒遭到蠻族的入侵，而得以續存。

從四世紀到八世紀，西歐因為蠻族的入侵而陷於混亂，本來就已經衰退的希臘文化，現在因為戰火的蹂躪，更加奄奄一息了。另一方面，與西歐比較起來，同時代的拜占庭卻因為免於戰火波及，而保持了較多的希臘文化。在拜占庭，希臘科學的書，如歐幾里得、阿基米德、阿波羅尼阿斯（Apollonius, B.C 280-210，希臘

數學家，所著《圓錐曲線論》八卷直到到現在仍是幾何教學的基礎）、托勒密、希羅等人的著作都被妥善保存。這些希臘科學的抄本後來傳到西西里島，然後又傳到南義大利。

除了拜占庭之外，還有一個地方也保存了希臘文化。那就是西亞的敘利亞。我們提過亞歷山大大帝的東征之後，把希臘文化帶到了他所征服的各地，敘利亞就是這樣沾染了希臘文化的氣息，但西亞真正大規模的泛希臘化則是來自於異端基督徒聶斯托利派（Nestorians）。

聶斯托利派主張耶穌基督誕生的時候是人，後來聖靈進入他的身體後，才成為神，因此耶穌基督具有神人兩性。這種主張在四三一年基督教宗教會議中被認定為異端。聶斯托利派便脫離教會，逃到米索不達米亞北方，然後又移居波斯。有些聶斯托利派的基督徒在移居地將希臘文的《聖經》、神學以及希臘科學書翻譯成敘利亞文。

除了聶斯托利派之外，基督教內還有另一個異端教派也扮演了同樣的角色。那就是單性論者，他們與聶斯托利派成另一極端，主張耶穌只有神性，完全沒有人性。這一派也被視為異端，而被逐出正教會。他們也和聶斯托利派一樣，在米索不達米亞設立修道院，傳播希臘哲學與科學。就這樣，希臘文化在拜占庭與西亞找到

512年手抄本裝飾畫，現藏於維也納奧地利圖書館。拜占庭的手抄本主要由畫匠完成，因此很有壁畫和鑲嵌畫的風格。因為較無戰火摧殘，拜占庭地區手抄本的保存，替希臘文明留下一絲命脈。

Chapter 8
劫後餘生

此圖為 16 世紀詩人內扎米為波斯王所寫的五卷詩中的插圖。描述帶著頭盔的天使加百利，將真主的啟示帶給穆罕默德，後人將這些天啟紀錄下來，成為《古蘭經》。

了暫時的棲身之地。

到了八世紀時，出現了一個更有力的希臘文化收容者，那就是阿拉伯。

伊斯蘭教如何保存西方文明的火苗

保羅與彼得去世後大約過了五百年，西元五七〇年，穆罕默德（Mohammed, 570-632）出生在阿拉伯半島的麥加。他是個窮商人的兒子，六歲就成了孤兒，二十五歲時為一位有錢的寡婦率領商隊，沒多久就和那位寡婦結婚。穆罕默德率領的商隊常往來於敘利亞，他在那兒接觸到猶太教與基督教。這兩個一神教相信給了他不少靈感。四十歲時，穆罕默德得到唯一神阿拉的啟示，從此自認是神派遣到這世上的使者。於是他開創了一個新的一神教──伊斯蘭教。

任何宗教的開山教祖都必須具備一項能力，那就是施展神蹟，否則很難招到信徒。根據新約《聖經》，耶穌施展的神蹟有在水面上行走，讓狂風大浪止息，讓五千人吃飽，治癒各種疑難雜症（瞎、聾、啞、駝背、麻瘋、被鬼附身……），以及讓死人復活。

穆罕默德也不例外，他必須施展神蹟才行。據說，穆罕默德為了要在信徒面前施展神蹟，特地馴養了一隻鳩。穆罕默德經常在自己的耳朵裡擺一粒麥子，鳩肚子餓了，就飛到穆罕默德的肩膀上，把嘴伸進他的耳朵裡

取食。訓練了一段時日後，待適當的時機來到，穆罕默德便和他的鳩在眾人面前表演。眾人當然不知穆罕默德耳朵裡的玄機，只見鳩嘴挨近穆罕默德的耳邊，似乎在與穆罕默德說什麼悄悄話。表演完畢後，穆罕默德便正色告訴眾人，剛才神派遣鳩向他傳達神的意旨。

伊斯蘭教徒以武力為後盾，展開聖戰，迅速擴張勢力。這幅畫現藏於巴黎國立圖書館手稿陳列室。

穆罕默德軼事

據說，穆罕默德還有一項才能，那就是當神蹟顯示失敗時，他總能不慌不忙地提出解釋，讓自己有下台階。

穆罕默德剛開始傳教時，有一次，阿拉伯人問他，既然他自稱是神的使徒，那麼是否能與摩西、耶穌一樣，展示神蹟給大家瞧瞧，以資證明。穆罕默德說：「你們如此測試神，恐怕會引起神的不悅。」可是眾人不依，一定要看神蹟，而且指定要穆罕默德移動山。穆罕默德拗不過，只好對著山下令：「往這裡移動！」山當然動也不動。穆罕默德不慌不忙地說：「噢！讚美神！如果山往這邊移動，我們一定會被壓死。我們到山那邊去感謝神的慈悲吧！」

伊斯蘭教以武力為後盾，擴張得非常迅速。從阿拉伯半島開始，然後是敘利亞、巴勒斯坦、埃及、米索不達米亞、亞美尼亞、波斯。伊斯蘭教所向披靡，席捲了

整個中亞，並且還繼續往非洲邁進。到了西元七〇〇年時，已經佔領北非沿岸直至大西洋岸，甚至還從非洲渡過地中海進入西班牙，於七一一年消滅西哥德王國。到了八世紀前半，阿拉伯人已經領有從印度河河谷至西班牙的龐大版圖，這是阿拉伯帝國的極盛時期。

阿拉伯人在征服這一片昔日亞歷山大大帝曾征服過的區域時，發現了一樣奇妙的東西——希臘文化。他們發現了一些希臘文獻，裡面有很多數字與幾何圖形。他們很好奇，便開始蒐集、翻譯、理解。這個現象在阿拔斯王朝（Abbasids, 749-1258）時最為明顯。

阿拔斯王朝是穆罕默德的叔父阿拔斯的後裔於七四九年所建立的，首都是巴格達。西元七八六年，阿拔斯王朝的第五代哈里發（回教國王）哈倫·賴世德（Harunal-Rashid, 764-809）即位，他喜愛希臘文化，是阿拉伯史上最致力於保護科學、文藝的君主。在他的治世下，出現了阿拉伯文化史上最輝煌的黃金時代。

哈倫·賴世德每次出兵小亞細亞，都會尋求希臘科學的手抄本。戰勝的國家一般都會要求戰敗國割地、賠款或交出船艦之類的武器，作為講和的條件，可是哈倫·賴世德卻在征服阿摩利亞和安卡拉之後，要求對方交出古希臘語的手抄本。他拿到這些手抄本後，立刻交給學者翻譯成敘利亞文或阿位伯文。這些古希臘語的手抄本中，包括歐幾里得的《原論》、托勒密的《天文學

大成》、柏拉圖、亞里斯多德的自然科學著作等。哈倫
－賴世德還在首都巴格達建立一座以收藏希臘文獻為主
的圖書館「智慧的寶庫」。

　　哈倫‧賴世德的兒子第七代哈里發馬姆（al-
Mamun, 786-833）也喜愛古希臘文獻，他在戰勝拜占庭
皇帝米開耳三世之後，也要求對方交出所有古代哲學家
的著作。馬姆對振興科學文化不遺餘力，他在巴格達建
立一所天文台，並於八三〇年將「智慧的寶庫」擴大成
為一所名為「智慧之館」的研究所。這是自亞歷山卓研
究中心以來，全世界最大的研究、翻譯機構。馬姆聘請
各地學者到「智慧之館」來，將希臘科學書籍從敘利亞
或希臘文翻譯成阿拉伯文。巴格達成為當時全世界研究
希臘學術的中心。

　　在這股將希臘文獻翻譯成阿拉拍文的潮流中，貢獻
最大的應該是阿拉伯學者胡納因‧依本‧伊斯哈克
（Hunain ibn Ishaq, 810-877），他的父親是聶斯托利派的
基督徒。胡納因曾在巴格達學醫學，後來到小亞細亞研
究希臘語，蒐集文獻，回到巴格達，在哈里發馬姆治
下，擔任「智慧之館」館長，在多位學者協助之下，翻
譯希臘文獻，包括醫學者蓋倫（Galen, 129-199）、醫學
之父希波克拉底（Hippocrates, B.C. 460-377）、托勒密、
歐幾里得、阿基米德、亞里斯多德等百種以上的希臘科
學文獻都在他的主導下，一一翻譯完成。

Chapter 8
劫後餘生

另外一位翻譯事業的巨人是沙彼特‧依本‧奎拉（Thabit ibn Qurra, 826-901），他在巴格達設立翻譯學校，和多位弟子一同從事翻譯工作，在他的指導下，翻譯了數學家阿波羅尼阿斯（Apollonius）、歐幾里得、阿基米德、托勒密、蓋倫等希臘科學家的重要著作。

　　蒐集希臘時代的著作成為阿拉伯王侯、大臣、富人的一大興趣。他們投下大筆資金，派人到希臘、小亞細亞以及任何希臘人曾住過的地方，尋找在基督徒肆意破壞後仍然倖存的希臘書籍。這是一場人類歷史上最有價值的救出行動。

　　我們可以這麼比喻：希臘人開了一家很棒的書店，裡面的書琳瑯滿目，都是人類智慧的結晶。一群狂熱的基督徒覺得這家書店裡的書與自己信仰的宗教格格不入，便放了一把火，想把書店燒個精光。無意間經過這兒的阿拉伯人發現書店裡的書都是寶藏，便趕緊衝進書

圖中為 1356 年的阿拉伯翻譯手稿，上為基督徒所使用的科普特系統的希臘文，下為阿拉伯譯文。現藏於巴黎國立圖書館。

店搶救。阿拉伯人搶救到一小部份的書籍，那些書籍只是希臘文明巨大冰

山的一
小角，
其他的
絕大部
份，後
人再也
無緣見
到。即

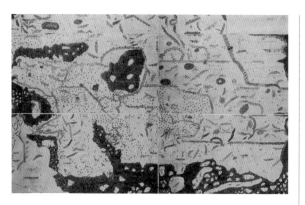

伊斯蘭地理學者多承襲古希臘地理學知識，因此托勒密的地理觀念在12世紀十分流行，由這張伊斯蘭教學者阿爾繪製的地球平面圖可見一斑。

使如此，阿拉伯人搶救到的這些書籍，卻讓希臘文明得以保存一絲命脈，並在數百年後，在歐洲甦醒、再生，綻放出耀眼的光芒，重登歷史主流的寶座。

九世紀至十三世紀的阿拉伯人熱愛書籍。圖書館如雨後春筍般設立，八九一年，首都巴格達有一百所以上的公立圖書館。

在歐洲，只有神職者才能看聖經，一般信徒不准閱讀聖經，因爲怕學識膚淺的民眾斷章取義，曲解聖經。由於這個緣故，西元八〇〇年以來，大多數民眾已經看不懂拉丁文，看得懂拉丁文的只有少數的神職人員。在阿拉伯卻大不相同。每個人都希望看得懂《古蘭經》，因爲他們認爲一個好的伊斯蘭教徒必須熟讀聖典。

十二世紀的大翻譯時代

如上所述，從八世紀到九世紀，希臘文明的遺產經由敘利亞和亞歷山卓，傳給了阿拉伯。有趣的是，到了十二世紀，這回，希臘文明的遺產竟然又從阿拉伯傳回了歐洲。

歐洲世界於十二世紀與阿拉伯接觸之前，對希波克拉底、托勒密、歐幾里得、阿基米德、蓋倫以及亞里斯多德的著作幾乎一無所知。到了十二世紀，歐洲世界與阿拉伯接觸之後，有些學者發現古代居然有那麼多的寶藏，而且竟然是用阿拉伯文寫的，於是他們努力學阿拉伯文，並將自己的一生獻給翻譯事業，把古代的寶藏由阿拉伯文譯回拉丁文。因此有人稱這個時代為「十二世紀的文藝復興」或「大翻譯時代」。

十二世紀的翻譯運動主要在四個地方展開：西班牙東北部、托雷多（Toledo）、西西里島和義大利北部。

一、西班牙東北部

十二世紀大翻譯時代的第一個據點是西班牙東北部。加泰隆尼亞（Catalonia）位於西班牙的東北部。這裡有時在回教勢力範圍圈內，有時也受法國文化所影響，所以是阿拉伯與西歐較早接觸的地方。這裡有一群既懂拉丁文又懂阿拉伯文的基督徒（Mozarabes），從十

世紀後半開始，他們就將阿拉伯文獻翻譯成拉丁文。到了十二世紀，從庇里牛斯山到厄波羅河的這塊東北西班牙，被信仰基督教的亞拉岡王國所統治時，這個運動便更加興盛。

此據點最重要的人物是亞伯拉罕·巴爾·希亞（Abraham bar Hiyya, 1136 年歿）和堤伯利的柏拉圖（Platone di Tiavoli）。他們倆合譯了托勒密的《四部書》、阿基米德的《圓的面積》、阿拉伯著名天文學者巴塔尼（al Battani, 858-929）的《星星的運動》。亞伯拉罕·巴爾·希亞自己也寫了一本實用幾何學《面積的書》。

還有一位傑出的翻譯者是卡林堤亞的赫曼（Hermann von Karinthia）。他本來在巴黎唸書，為了學習阿拉伯的學問而赴西班牙，他在西班牙學會阿拉伯文之後，便開始從事翻譯工作。他翻譯了著名阿拉伯學者胡瓦利茲米（al Khwarizmi, 780-850）的《天文表》、歐幾里德的《原論》以及托勒密的《球面平畫法》。

另一位值得一提的翻譯者是於一一四一年從英國來到西班牙北部的伽斯特的羅伯特（Robert of Chester）。他將阿拉伯學者胡瓦利茲米的《代數學》翻成拉丁文。這本書成了西歐代數學的出發點，對西方文明有非常大的貢獻。

二、托雷多

十二世紀大翻譯時代的第二個據點是托雷多。托雷多位於西班牙首都馬德里南邊七○公里處，七一二年時，被回教徒征服，成為回教世界的中心之一。一○八五年時，托雷多被阿方索六世征服，又回歸基督教勢力，成為吸收阿拉伯文化的基地。十二世紀，托雷多大主教萊姆德斯（Raimundus, r.1126-1151）在此設立翻譯學校，從歐洲各地召募學者，將阿拉伯文文獻翻譯成拉丁文。

蘇格蘭的史考特（Michael Scot, ?-1236）在翻譯事業上立下汗馬功勞。他到西班牙求學、工作，在托雷多翻譯亞里斯多德的《天界論》，後來又到西西里，在那兒翻譯一些阿拉伯文的著作，其中最重要的是亞里斯多德的《動物學》。

十二世紀翻譯運動的巨星當推傑阿德（Gerardo of Cremoa, 1114-1187）莫屬。傑阿德生於義大利，他為了求得托勒密的《天文學大成》（Almagest），而到托雷多，學習阿拉伯文。一一七五年，他終於一償宿願，翻譯成《天文學大成》。傑阿德在七十三歲死於托雷多，在他去世之前，已把七十一種阿拉伯文書籍翻譯成拉丁文。其中包括亞里斯多德、歐幾里得、阿基米德、阿波羅尼阿斯（Apollonius, B.C. 280-210）、墨奈勞斯（Menelaos, 西元二世紀的希臘數學家、天文學家）、托

勒密、蓋倫等希臘一流學者的著作，以及許多一流阿拉伯學者的著作。由於他這些空前絕後的翻譯，西歐因而得以獲得希臘、阿拉伯的學術精華。

三、西西里島

十二世紀大翻譯時代的第三個據點是西西里島。西西里島本來是希臘的殖民地，六世紀時，成為拜占庭帝國的一部份，八七八年之後，隸屬於回教世界，一○六○年，又被諾曼人征服。諾曼人在文化上採取寬容政策，讓希臘語、阿拉伯語、拉丁語都成為公用語。希臘人、阿拉伯人、西歐人在島上和平相處。因此，希臘、阿拉伯、拉丁三文化在此交流。諾曼的歷代君主愛好文化，獎勵翻譯，因而很多阿拉伯的著作與希臘文的著作在這兒被翻成拉丁文。尤其是數學、天文學、光學、力學等自然科學領域的著作。

諾曼王朝的兩位高官亨利克斯‧阿里斯堤普斯（Henricus Aristippus）和埃烏凱尼烏斯（Eugenius）不但獎勵翻譯，也親自從事翻譯工作。亨利克斯‧阿里斯堤普斯將亞里斯多德的《氣象學》第四卷直接由希臘文翻成拉丁文。埃烏凱尼烏斯則把托勒密的《光學》由阿拉伯文翻成拉丁文。此外在西西里島翻譯完成的古代文獻還有托勒密的《天文學大全》、歐幾里得的《假定》、《光學》、《反射光學》、希羅的《氣體學》、普羅克羅斯

（Proklos, 410-485）的《自然學原論》等。

四、北義大利

十二世紀大翻譯時代的第四個據點是北義大利。以威尼斯、比薩為中心的北義大利各城市由於旺盛的貿易活動，而與拜占庭的君士坦丁堡有密切的貿易關係。這些城市在君士坦丁堡擁有自己的商業地區，並出入拜占庭宮廷。此外，這些北義大利城市還經常派遣外交使節前往君士坦丁堡。這些都有助於希臘文化傳往西方。不少希臘著作經由這個途徑翻成拉丁文。

這個地區最重要的翻譯者是傑克蒙（Giacomo）。他於一一二四年開始從事翻譯活動，他翻譯了亞里斯多德的《分析論前書》、《分析論後書》、《詭辯論駁》。這些亞里斯多德的論理學著作，首度被介紹到歐洲，在此之前歐洲人只知道波伊提烏（Boethius, 475-524）翻譯的《範疇論》、《命題論》——所謂的「舊論理學」。傑克蒙翻譯的「新論理學」快速地在歐洲傳開，改變了歐洲人的思考。

此外，還有一位翻譯事業的大功臣，他不屬於以上四個翻譯據點，但他的翻譯功績卻值得大書特書。他就是英國哲學家阿德拉得（Adelard of Bath, active1116-1142）。阿德拉得出生於英格蘭南部的溫泉勝地巴斯，年輕時赴法國留學，因嚮往阿拉伯文化，到地中海、敘

利亞、巴勒斯坦旅行，學習阿拉伯學問，後來又前往西班牙。阿德拉得於一一二六年回到故鄉英國，據說後來成為亨利二世的老師。阿德拉得最大的功績，是首次將歐幾里德的《原論》全十五卷，由阿拉拍文翻成拉丁文。在此之前，西歐世界只能由羅馬政治家、哲學家波伊提烏的著作中，得知歐幾里德《原論》的零星內容。由於阿德拉得的翻譯，歐洲人得以獲知歐幾里德「原論」的全貌。

基督教在中世紀征服了歐洲，從此基督教的教義主宰了歐洲人的思想與價值觀，所有與基督教教義不合的思想都被視為異端，都被打壓。古希臘的科學文明當然也不例外。幸好阿拉伯人對希臘的科學發生興趣，在他們征服的地區努力蒐集這方面的希臘書籍，並翻成阿拉伯文。

到了十二世紀，有些歐洲人又把以阿拉伯文書寫的古希臘著作翻成拉丁文——這是當時歐洲各國知識份子共同使用的語文。由於這個翻譯運動，而獲得古代科學知識的學者，在十二世紀，雖然仍屬少數，以至於一時還無法形成思想革命，但這個翻譯運動卻已經為十四世紀的文藝復興點燃了火苗。而文藝復興正是歐洲人所經驗的前所未有的思想革命、價值觀革命。

Chapter 8
劫後餘生

Chapter 4. 1400 ~ 1600 文藝復興

在瓦薩利繪製的這幅油畫中，記錄了文藝復興時期，蒐集古羅馬、希臘的雕塑和油畫的熱潮。畫家甚至會把畫室裝飾成古代藝術陳列館以招來購買者。

為什麼文藝復興首先在義大利展開？

十二世紀的大翻譯時代已經爲十四世紀的文藝復興（Renaissance）鋪好了路。透過十二世紀以來的翻譯，人們漸漸發現在基督教還沒征服西方之前，竟然有那麼偉大的文明存在過。那個文明不重視神，而重視人，不重視來世，而重視今生，不重視如何討好神的歡心，而重視如何解開大自然和宇宙的奧秘。

既然知道有這麼偉大的文明存在過，當然要把這個

文明研究透徹，以充份吸收她的養份。透過翻譯吸收固然不壞，但若能直接閱讀原文，由原文吸收，豈不更好？第一步是蒐集古代著作的手抄本。佩脫拉克（Petrarch, 1304-1374）就是醉心於蒐集古代手稿的先驅。他在《給後世人的書簡》中說：「我埋首於古代的研究，因爲我不喜歡現代，我但願能生在其他的時代。爲了忘記現代，我把心力放在其他時代。」

受到佩脫拉克的影響，薄伽丘、薩魯塔提（Coluccio Salutati）、康瓦西尼（Giovanni Conversisi）、尼寇利（Niccolo Niccli）、布拉喬利尼（Poggio Bracciolini）等人也起而效仿蒐集古代著作的手抄本。

一開始，義大利知識份子拼命蒐尋羅馬時代的著作，可是不久就發現羅馬學者所談論的科學，其實大半都奠基於更古老的源頭──希臘人的思想。於是，他們開始尋找古希臘的書籍。

義大利畫家拉斐爾（Raphael, 1483-1520）在二十七歲所完成的「雅典的學堂」中，把著名的古代人物畫了進去。包括哲學家伊比鳩魯（B.C. 341-271）、哲學家恩培多克勒（Empedocles, B.C. 500）、亞歷山大大帝、

莫羅西尼莅臨威尼斯，Correr 博物館藏。威尼斯的節慶和官方招待會大多在水中船上舉行，這幅畫作於 17 世紀，當時地中海的航運已隨著地理大發現逐漸沒落，徒留壯觀的慶祝畫面。

數學家畢達哥拉斯、哲學家蘇格拉底、哲學家柏拉圖、哲學家亞里斯多德、哲學家赫拉克利圖斯、數學家歐幾里德、數學家阿基米德。從這幅畫就可以知道當時的義大利人所崇拜的偶像是哪些人。義大利人拼命蒐集這些古代巨星的著作，哪怕是隻言片語也好。

就這樣子，文藝復興首先在義大利展開了。可是，為什麼文藝復興不在西班牙或西西里島發生，而在義大利發生呢？如果說義大利是十二世紀大翻譯時代的舞台，西班牙和西西里島不也是大翻譯時代的舞台嗎？原因有三點，第一，義大利在地理上與歷史上繼承了古典文化，義大利島上仍舊存在著一些羅馬時代遺留下來的文物與建築，以及一些散落的古代手抄本。第二，十字軍東征（十二-十三世紀）之後，東方貿易展開，給威尼斯、熱那亞等義大利的沿岸都市帶來很大的利益。米蘭因為與西歐諸國貿易而繁榮。佛羅倫斯則因為毛織、絲織工業而繁榮。就這樣，義大利的許多都市累積了龐大的財富。這龐大的財富產生兩個效應。一個效應是人們在滿足物質上的需求後，願意把心思轉往文化領域。另一個效應是工商業的發達與財富的累積造成了自治都市與市民階層的興起。義大利的這些自治都市比歐洲其他地方都要自由得多。而「自由」正是醞釀、發展文藝復興的最佳土壤。第三，一四五三年，東羅馬帝國滅亡，君士坦丁堡淪陷，許多住在君士坦丁堡的學者紛紛

西逃到義大利，他們的學識和隨身所帶的典籍為義大利的文化氣氛更注入活力，迸發出文藝復興的火花。

中世紀的銀行。銀行一詞來自義大利語的「工作台」，就是圖中所繪的交易櫃檯。

佛羅倫斯之光──麥迪西家族

如果說義大利的這些自治都市是文藝復興期的一顆顆明珠，那麼佛羅倫斯則是其中最閃亮的一顆。《神曲》的作者但丁、《十日談》的作者薄伽丘、文藝復興期最早的人文主義者佩脫拉克、名畫家喬托（Giotto, 1267-1337）、名建築家阿爾諾佛（Arnolfo, 1245-1302）都是佛羅倫斯人。

佛羅倫斯的毛織工業技術優於英國與法蘭德斯（Flanders），佛羅倫斯也是義大利屈指的金融都市。近代最初的銀行業在此誕生。他們的分店遍及歐洲各地。

在十五世紀下半期，佛羅倫斯人口雖只有十二萬五千人，但卻是全世界最開放，思想最自由的城市。

提到佛羅倫斯，不能不談麥迪西家族（Medici）。因為在佛羅倫斯，沒有任何人的影響力超過麥迪西家族。從十五到十八世紀，麥迪西家族是佛羅倫斯的最大財閥。從一四三四年到一四九四年，麥迪西家族是佛羅倫斯的實際統治者。麥迪西家族產生過三位教宗，二位法國女王，及若干樞機主教。

麥迪西家族的先祖是一位是藥商，到了喬萬尼

（Giovanni, 1360-1429）時，開始從事銀行業，對教宗、各地教會、日耳曼諸侯等融資，成為巨富，還成為佛羅倫斯的行政官。喬萬尼死後，其長子寇西默（Cosimo, 1389-1464）奠定了麥迪西家族三百年的繁榮，他成為佛羅倫斯實際上的獨裁者，並被市民稱為「祖國之父」。

寇西默獎勵古代文化的研究，不遺餘力。他不僅投下鉅額資金，派人到雅典、君士坦丁堡、亞歷山卓蒐集古代的手抄本，還於一四四〇年，在佛羅倫斯建立一所柏拉圖學院，請人文學者費西諾（Ficino, 1433-1499）擔任校長。

這位費西諾是一位百分之百的柏拉圖迷，他研究、翻譯柏拉圖的著作不說，床邊還擺著柏拉圖像。即使後來他成了神職人員，也是如此，別的神職人員床邊擺的是耶穌被釘在十字架的像，他擺的依舊是柏拉圖像。

在費西諾的領導下，興起了一股研究柏拉圖的熱潮，不僅佛羅倫斯的學者

競相投入，連義大利其他城市、法蘭西、日耳曼、英格蘭的知識份子也慕名而來。這些柏拉圖迷聚集在寇西默的豪宅，每個人分別扮演柏拉圖《對話篇》中的各角色，由於太過投入，有時還會出現拳腳相向的火爆場面。

一四五三年，拜占庭（東羅馬）帝國被信奉回教的奧圖曼帝國（Ottoman Empire）滅亡時，很多拜占庭的學者逃到義大利，寇西默對他們很優遇。寇西默聽從當代最大的書痴尼可利（1364-1437）的建議，買了一套普里尼（23-79，羅馬的自然科學者）的《自然史》手抄本給尼可利（因為尼可利為了買書已散盡家財）。尼可利死後，寇西默把尼可利的八百本藏書買下，捐給圖書館。在佛羅倫斯活動的藝術家幾乎每個人都受到寇西默的支援。古代希臘學問在義大利的復興，寇西默可說居功厥偉。

麥迪西羅倫佐是佛羅倫斯共和國時期最後一位主政的麥迪西家族成員，佛羅倫斯在他致力發展藝文的統治下，擁有著傲視全歐洲的藝術家群。

麥迪西家族還有一位值得一提的是寇西默的孫子洛倫佐（Lorenzo, 1449-1492）。寇西默對他這位孫子期望很深，因此從小就給他請了第一流的家庭教師教他希臘文、拉丁文、哲學，政治與商業實務則是由寇西默自己親自教授。因此洛倫佐長大後不但深富學養，舉止優雅，也和他的祖父一樣，對保護學藝，不遺餘力。包括文藝復興巨匠米開朗基羅在內，許多藝術家在他的援助下，得以無後顧之憂，專心於創作。洛倫佐還時常在他

的豪宅宴請學者與藝術家，給他們種種精神上、物質上的獎勵。

文藝復興的「文化大革命」

在麥迪西家族的大力支持下，佛羅倫斯成為文藝復興的先鋒，也成為歐洲文化的中心。佛羅倫斯人從神的束縛中解放出來，享受生命的喜悅，享受西方人喪失了一千年的思想自由。

可是卻有一個人看不慣佛羅倫斯人如此地日漸遠離神的掌控，日漸往墮落的深淵沉淪。這位衛道之士就是佛羅倫斯聖馬可修道院院長薩伏那洛拉（Girolamo Savonarola, 1452-1498）。

薩伏那洛拉的演講極具煽動力，而且肢體語言豐富，他的聽眾往往在聽完後，因為太過感動而忘記鼓掌。在薩伏那洛拉鍥而不捨的大力鼓吹下，有一些佛羅倫斯人或是因為看不慣墮落的生活，還是害怕死後會下地獄，成了薩伏那洛拉的信徒，並支持薩伏那洛拉掌握了佛羅倫斯的政權。

薩伏那洛拉在佛羅倫斯實施神政政治，想提升市民的道德。他禁止一切娛樂，包括流行歌曲、賭博、跳舞、賽馬、花車遊行。違反者會受到嚴厲處罰，說出對神不敬的話的人會被割斷舌頭。薩伏那洛拉甚至批判羅馬教會腐敗。

薩伏那的演講，其實指出了新時代思想隱含的危機和繁榮社會背後的不公義，因此目睹薩伏那被燒死的馬基維里，十五年後在《君王論》（1513年）裡說：「所有武裝的預言家都勝利，所有無武裝的預言家都失敗。」

114

信徒在傾聽薩伏那洛拉佈道時，通常會淚流滿面，故這些信徒被稱之爲「涕泣派」。薩伏那洛拉組織「希望隊」，以整肅市民的風紀。「希望隊」和暗藏在各角落的線民嚴密監視市民的私生活，一發現有違反者，立即通報。佛羅倫斯的婦女只好停止化粧，停止擦口紅、畫眼影，甚至停止洗澡。

　　這股改革的狂熱於一四九七年「謝肉祭」時的「焚燒虛榮」達到高潮。那天，「希望隊」挨家挨戶搜索所有的奢侈品，包括戒指、手鐲、假髮、化粧品、樸克牌、骰子、淫猥的畫、小說、文學作品，連薄伽丘的《十日談》都被當成色情小說而沒收。沒收品中還包括許多文藝復興期的珍貴藝術品與手抄本。薩伏那洛拉的信徒邊唱著聖歌邊遊行前往市政府前的廣場，把沒收來的「奢侈品」都集中在這裡焚燒。這幕情景讓人不由得想起毛澤東所發動的文化大革命。

　　一切反動最終都免不了要化爲泡沫。就像文化大革命一樣，薩伏那洛拉的神權政治也化爲泡沫。被薩伏那洛拉批判的教宗宣布薩伏那洛拉爲異端，將他逐出教會。薩伏那洛拉陷入孤立無援，終於被教宗派來的軍隊抓住。經審問、拷打後，一四九八年，在「焚燒虛榮」的同一廣場，先被吊死，再被焚燒。

西元十四世紀開始，佛
羅倫斯已經成為是歐洲
最大的城市。這幅 15
世紀木板畫中的河流是
阿爾諾河，佛羅倫斯的
房子沿著河岸向著兩邊
輻射開來，街道兩旁則
是富商的豪華住宅。

文藝復興孕育科學精神

　　中世紀的歐洲只有一個尺度——基督教的尺度。文藝復興之後，多了一個尺度——古典文化的尺度。當人們拿新尺度來衡量舊尺度時，發現舊尺度矛盾重重，漏洞百出。於是人們開始用懷疑、批判的眼光來看待一切的權威。這種懷疑、批判的精神使文藝復興時期的科學邁向一個連希臘時代也不曾出現的新局面。

　　文藝復興時期的科學發展有兩個特徵，一個是科學家與工匠互相接近、互相學習，另一個是科學家開始重視實驗，揚棄過去只重視理論的傳統。

　　義大利在十二世紀之後，隨著商業的發達，出現了佛羅倫斯、米蘭、威尼斯等自由都市。在這些自由都市裡，各行各業的競爭愈來愈自由，同業工會（guild）的約束力則逐漸鬆弛。有些工匠從封閉的同業工會中脫穎而出，吸收希臘以來的知識遺產，成為有教養的「高級工匠」。這是工匠的知識人化。

　　以前的工匠目不識丁，技術以口相傳，且不公開，所以技術只在少數人之間秘傳，無法普及。現在，高級工匠打破這個秘密主義，把他們所知的技術以文字記錄下來，印成書籍，公開販售。首先是建築、繪畫，接著是採礦、冶金、醫術。

　　工匠向學者的領域接近之後，另一方面，學者也開

117

始注意技術的實踐。比韋斯（Juan Luis Vives, 1492-1540）就是個好例子。他是西班牙的人文主義者，於一五二三年，應亨利八世之邀赴英，任瑪麗公主的家教及牛津大學教授。比韋斯反對經院哲學與中世紀亞里斯多德主義，主張實驗方法的重要性。他於一五三一年出版《學問的普及》。他在這本書中，勸學者應學習建築、航海、紡織等工作的技術，並且觀察正在工作的工匠，向他們詢問技術上的秘密。

拉伯雷（Francois Rabelais, 1494-1553）是另外一個例子。他是法國人文主義者，在一五三四年發表的《卡岡都亞》中，拉伯雷指出完全教育的必要條件之一是研究工匠的技術。就這樣子，到了十六世紀，學者打破了學者的傳統與工匠的傳統之間的牆垣。知識人以往對工匠的歧視消失了，相反地，他們發現可以從工匠那兒獲得新的知識。

此外，學者在實踐之中，也發現古代學者的很多謬誤。古代學者雖然給了他們很多思想上的刺激與啟發，但並不表示古代學者不會犯錯。盡信書不如無書，唯有自己動手實驗才能驗證真偽。

文藝復興時期科學發展的這兩個特徵不但讓西方的科學家能在古代的遺產中，去蕪存菁，擷取真正值得吸收的養份，還能改正古代學者不重視實驗與輕視工匠的缺點，往真正的科學大道邁進。以下介紹幾位傑出科學

家，看看他們如何展現科學的眞精神。

　　阿格里科拉（Agricola, 1494-1555）是日耳曼的礦物學者，有「礦物學之父」與「冶金學之父」之稱。他本來學哲學、語言學、神學，然後轉學醫學，後來到日耳曼各地礦區行醫，一面行醫，一面研究礦物與地質。

　　一五五六年，阿格里科拉以他長期的觀察研究完成《金屬學》。這本書集當代礦山、冶金、礦物、岩石、地質等知識的大全，直到十八世紀，影響近代產業的勃興極深。這本書列出六十多種礦物，還詳細記載如何尋找礦脈，如何建築坑道，如何排水、換氣，如何運出礦石，如何選礦、冶金，甚至介紹礦工的組織、工作時間（分三班，每班七小時）、工資、保健等，可說鉅細靡遺。這本書還包含大型水車（直徑十一公尺）、抽水機、冶金爐等機械的兩百二十九張木版畫。他在這本書中說，很多人都以爲挖礦的工作是骯髒的，是靠運氣的，不須要技術與學問，其實絕非如此，挖礦者不但須精通挖礦技術，而且必須知道很多學問，如哲學、醫學、天文學、測量學、算術、圖學、建築學、法律。

　　他在這本書的序言裡這麼說：「一切我沒有見到的，或我聽到、讀到之後沒有經過深思熟慮的事情，我都沒寫在這本書裡。」

　　這種實事求是的態度，正是科學的眞精神。

　　符澤琉斯（Vesalius, 1514-1564）是比利時人，他

到巴黎大學唸醫學時，對當時教他的解剖學教授很不滿。因為那位教授沒有實際操刀解剖人體給學生看，只是憑著自己的記憶，或拿著古代醫學者蓋倫的著作，唸給學生抄寫。符澤琉斯後來在自己的著作裡批評那位解剖學教授：「他好像一隻烏鴉，坐在高高的椅子上，擺出一副高傲的姿態，呱！呱！呱地叫個不停。」另一方面，負責實際解剖的是理髮師兼外科醫師，他們不懂理論，也不知道醫學用語，而且在學界沒有地位。當時的學風保守，即使解剖之後，發現有什麼地方與蓋倫所說的不同，也沒有人敢公然指出。

一五三七年，符澤琉斯受聘到義大利的帕多瓦大學教書，這兒的學風較自由開放，符澤琉斯親手操刀解剖之餘，發現蓋倫的著作中有很多的描述其實不是人體，而是解剖狗、猴子等動物的結果。後來符澤琉斯在《人體構造論》中，毫不客氣地指出醫學大權威蓋倫的兩百個謬誤。《人體構造論》含有三百多張人體各部份器官的構造圖。這些圖片是請當時的藝術家以透視圖法畫成，栩栩如生，對醫學教育有極大的貢獻。符澤琉斯親手操刀解剖人體，並出書勇敢指出古代醫學大權威的錯誤，這種實事求是的態度，正是科學的真精神。

吉伯特（William Gilbert, 1544-1603）是英國伊麗莎白女王的宮廷醫生。他對羅盤感覺興趣，便與幾位志同道合的工匠和水手一起研究。他知道羅盤的磁針有二

彼得和米歇爾‧凡‧米爾威爾畫，凡德米爾教授的解剖課。
十五世紀末，藝術家開始旁聽解剖課，並且描繪精準的解剖圖。在十六世紀的荷蘭北部地區，旁聽解剖課和繪製解剖圖成為普遍的現象，並且受到社會大眾的重視。

個奇特的現象，一個是磁針指的並不是正北方，而是稍爲偏向東或偏向西。另一個現象是磁針並沒有完全保持水平的狀態，當羅盤在北半球的時候，指向北方那端的磁針往下垂，當羅盤在南半球的時候，指向南方那端的磁針往下垂。

爲什麼會有這種現象呢？吉伯特爲了解開這兩個問題，提出了一個假設：地球本身就是一塊超大的磁鐵。爲了證實這個假設，他把一塊鐵礦削成球狀，當成地球，後來又把球狀鐵礦的表面刻出凹凸的形狀，當成是高山和深谷，然後用磁針作種種的實驗。

一六○○年，吉伯特完成《論磁體》。這本書使他成爲近代磁力學的創始者。他以實驗的、歸納的方法論述磁力和地磁力，以及電的現象。「electricity」這個字即爲他首創。他在《論磁體》中如此寫道：「要發現事物背後的原因，與其靠聽起來好像很有道理的推測或世間思想家的意見，倒不如靠確實的實驗與經過證明的議論。」

吉伯特所表現出來的當然也是科學的眞精神。

文藝復興的科學巨人——伽利略

接下來要介紹的是大名鼎鼎的伽利略（Galileo, 1564-1642）。一五六四年，伽利略生於義大利比薩。伽利略的父親四十二歲時，與比他小十八歲的女子結婚。

長男伽利略出生時，父親已四十四歲，母親還只有二十六歲。伽利略的父親是一位音樂家，通古典語，具數學教養。伽利略十二、三歲時，父親讓他進入一家屬於耶穌會的修道院唸亞里斯多德的邏輯學、自然學。

一五八一年，伽利略十七歲，入比薩大學攻讀技藝課程，即科學四科（算術、幾何、天文、音樂）與文法三學科（文法、修辭法、辯證法）。他打算唸完這些課程之後，攻讀醫學。

當時的塔斯坎尼大公有個很高尚的興趣，他召集六十位來自歐洲各地的貴族子弟，並聘請優秀的學者，讓這些貴族子弟接受英才教育。大公有時會帶這群精英學者與子弟到比薩來，逗留一陣子。當他們在比薩講學時，或許是因為炫耀心之故，塔斯坎尼大公開放講堂，讓外人也能自由旁聽。

伽利略的父親知道這群學者之中，有一位名叫利奇的傑出數學家，便要伽利略前往旁聽他講課。這位利奇是塔塔利亞（Tartaglia, ca.1500-1557）的學生。

塔塔利亞是什麼人呢？他是義大利一位很了不起的數學家，他於一五四三年將歐幾里得的《幾何學原本》與阿基米德的著作從拉丁文譯成義大利文。塔塔利亞還發現三次方程式的解法，並以數學方式論述彈道，發現砲管呈四十五度仰角時，砲彈的射程最遠。

伽利略像。
Sustermans 作，1640 年。

塔斯坎尼大公

西羅馬帝國滅亡之後的義大利半島經歷多次侵略、內戰和政權轉換，長期處於分裂狀態。十一世紀以來，義大利的熱亞那、威尼斯、佛羅倫斯等城鎮因繁榮的工商業興起，演變為獨立城邦，由地方上的地主或富商統治。其中佛羅倫斯在一四三四年之後，由麥迪西家族統治。而這裡所提到的塔斯坎尼大公就是之前所說佛羅倫斯的實際統治者──「祖國之父」寇西默。

利奇當時在比薩講授歐幾里得的《幾何學原本》，以及阿基米德的學說，包括槓桿原理、浮力原理、圓周與圓面積的計算法。這些學說好像天籟之聲，傳入十九歲的伽利略耳中，讓他深受感動。伽利略沉醉在歐幾里得與阿基米德的世界裡，並且漸漸失去對醫學的興趣。可能是因為這個原因，或因繳不起學費，一五八四年，二十歲的伽利略放棄唸醫學。

一五八九年，伽利略成為比薩大學的數學講師，講授歐幾里得的幾何學與托勒密的天文學。他在比薩大學授課時，公然反對亞里斯多德的種種學說。這是極其大膽的事，因為在當時，人們認為亞里斯多德的學說放之四海而皆準。

亞里斯多德認為物體落下的速度與物體的重量成正

麥迪西星徽記。有此徽記標示的書籍，表示是在麥迪西家族保護下出版的，伽利略的《星界報告》上即有此標示。

Chapter 4
文藝復興

123

比，也就是物體愈重便愈快掉落地面。伽利略則認為物體不論輕重，都會同時掉落地面。據說為了證明亞里斯多德的主張是錯的，伽利略與他的助手在比薩斜塔上做實驗，讓重量不同的球掉落地面。

此外，伽利略認為亞里斯多德在天文學方面也有種種的謬誤。亞里斯多德與托勒密都認為太陽繞著地球而轉動。長期以來，西方人習慣這種說法而毫不懷疑。而且這種說法也符合人們的生活經驗，人們每天早上看著太陽從這頭昇起，傍晚又在另一頭掉落，這給人一種「太陽繞著我們在轉動」的印象。

這種「地球中心說」也獲得基督教會的全力支持，因為基督教認為這個世界的種種事物，包括高山、河海、動植物、太陽、月亮都是上帝為人而創造的，人為主，其他事物為副，因此太陽繞著人類所居住的地球而轉自是理所當然。但波蘭天文學者哥白尼（Nicolaus Copernicus, 1473-1543）認為恰好相反，地球是繞著太陽轉動。伽利略也支持哥白尼的看法。

伽利略的望遠鏡直徑四公分，清晰度不高，但足以用來觀測月亮。伽利略用望遠鏡觀測月亮並繪製了週期圖，他並且計算出月亮上的山峰的高度。此望遠鏡現藏於佛羅倫斯科學史博物館藏。

一六〇九年某日，伽利略聽說荷蘭一家眼鏡店的鏡片師傅，以老花眼用的凸鏡片與近視眼用的凹鏡片作成望遠鏡，伽利略立刻明白這是怎麼一回事，也動手做了一個長六十公分，直徑四公分，倍率三十倍的望遠鏡。他邀請威尼斯的要人到市內一座鐘樓上，用這個望遠鏡看遠方海上與陸上的景物，並且告訴這些要人有了這種望遠鏡後，可以比敵人早兩個小時知道對方的動態。

更重要的是，伽利略用這個望遠鏡觀察天文，而有了重大的發現。他於一六一〇年出版《星界報告》，將他的觀察發現公諸於世。他告訴讀者月球的表面並非光滑如鏡，而是凹凸不平，顯然月球和地球一樣，也是有高山深谷。此外，他還說木星有四個衛星（其實是十四個），土星有環，太陽有黑點，金星也有盈虧，如同月球有盈虧一樣等等。

信奉亞里斯多德的人一直認為地球是宇宙的中心，包括太陽在內的各天體都是繞著地球而轉，而伽利略的發現打破了這個傳統的宇宙觀。因

哥白尼自1506年開始，主張太陽為行星繞行中心，而且靜止不動；並主張地球自轉造成星星位移等與聖經相反的說法。這幅圖出自1660年的《天體圖》。

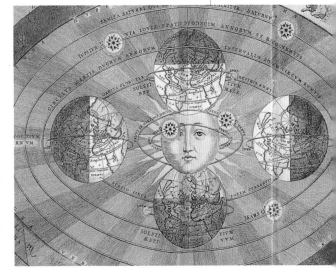

為如果真有四個衛星繞著木星而轉，那麼木星也是個「中心」，就如同月球繞著地球而轉，地球是「中心」一樣，這是否意味這宇宙中有許許多多個「中心」？那麼太陽作為一個「中心」，地球繞著它而轉有何不可呢？

信仰亞里斯多德學說的人又認為，物體自高塔垂直落下，足以證明地球是靜止不動的，為什麼呢？因為物體自高塔落到地面須要一段時間，若地球在轉動的話，物體不會筆直落下，而是稍為偏東或偏西。

對此，伽利略回答說，物體、高塔和大氣都隨著地球的轉動而作同樣的運動，由於都在同樣的運動，因此它們相互之間等於沒在運動一樣。它們的運動並沒有以運動的形式表現出來，必須以沒有在運動的物體作對比，才能顯現出它們的運動。如果有一位觀測者站在一個完全與地球的轉動毫無關係的地點，那麼他所看到物體自高塔落下應該是呈螺旋線或拋物線，而不是垂直線。如果把地表當成球面，則呈螺旋線，如果是平面，則呈拋物線。

兩千年來，人們對亞里斯多德的學說深信不疑，從來沒有人懷疑亞里斯多德的學說，也沒有人用實驗來證明其真偽。伽利略用實驗與望遠鏡的觀察來推翻亞里斯多德的論說，這種敢於懷疑權威，並且實事求是，用實驗來求證的態度，展現了真正的科學精神。

造紙版畫。紙張在 12 到 14 世紀之間取代了昂貴的羊皮紙，只需要以破布為原料製成紙漿，大大降低成本和紙的價格，使得學習讀書寫字更普及。

15 世紀的手動印刷機。油畫，1471 年，巴黎現代藝術畫廊藏。

改變歷史的重要發明

　　文藝復興時期有幾項重要的發明，對西方文明的壯
大，貢獻很大。首先是紙的普及。西方以前使用羊皮
紙。羊皮紙非常耐用，很適合書寫重要文件，但價
格昂貴，數量有限，無法普及，也無法大量印
刷。

　　紙起源於西元二世紀的中國，據說是東漢的
蔡倫所發明。七五一年時，唐朝與大食（阿拉伯）
打仗，唐朝的一些士兵被俘，其中有些士兵懂製紙
的技術，紙的製法因而傳到伊斯蘭世界。歐洲的製紙技
術是否學自伊斯蘭，不得而知，但在十三世紀末，義大
利已可以製造出品質很好的紙。

原本用於占星和計時的
星盤，到了十六世紀時
用於航海，倫敦為了發
展海運，開始大量製造
航海星盤。

　　其次是活字印刷的發明。中國在七世紀的唐朝時開
始採用木版印刷。到了十一世紀時，宋朝畢昇用膠泥做
成字，再將字依需要排列組合成一個印刷版，這就是活
字印刷。西方的活字印刷技術是否學自中國，也不得而
知。只知荷蘭一位叫克斯堤魯的人物在一四四六年之前
以鉛錫合金的活字從事印刷。一四五〇年左右，日耳曼
的印刷業者古騰堡（Gutenberg, 1400-1468）以活字印刷
拉丁文聖經。英國在一四七七年已有印刷業者。一四八
〇年，羅馬的印刷業者不下十二人。到了十五世紀末，
威尼斯已有一百家印刷廠，歐洲已有一千家印刷廠。

紙的採用與活字印刷的普及，使書籍變得便宜，教育開始大眾化，讀書層也逐漸擴大，知識與資訊也開始大量、快速傳播。當然，文藝復興的熱潮也因而由義大利傳往歐洲各地。

羅盤也是一項非常重要的發明。沒有羅盤，人類就沒有勇氣嘗試遠洋航海，哥倫布可能就無法發現新大陸了。首先發明羅盤的，應該是中國人。不過周公時代的指南車與此無關。指南車只是一種齒輪裝置，跟磁針扯不上關係。十一世紀末，宋朝的沈括在《夢溪筆談》中提到磁針指向南北的現象，這應該是最初的記載。但是，當時中國人把磁針的這種功能主要用在看風水上，因為看風水必須先知道方位。十一、十二世紀時，羅盤才用在航海上。不久，或許是與中國貿易的關係，阿拉伯人也知道使用羅盤，而阿拉伯人和西方也有商業往來。因此，雖然尚沒有確切的證據，但有些學者認為羅盤是由阿拉伯人作媒介從中國傳入西方的。

十七世紀的眼鏡。

接下來的重要發明是望遠鏡。望遠鏡在很多領域展現出它的驚異功能。在戰場上，持有望遠鏡的一方往往比較快獲知對方的動態而居於優勢。茫茫大海中的航海者，持有望遠鏡後，老遠就能發現陸地或不懷好意的船隻，因而增添了航海的安全性。更不用談天文學家如伽利略有了天文望遠鏡之後，在觀察天文時何等便利。

西方人很早就使用鏡片。在羅馬時代，軍隊使用凸鏡片來取代火柴。到了文藝復興期，書籍普及和閱讀人口的增加，造成放大鏡、老花眼鏡、近視眼鏡的大量需求，並造成荷蘭鏡片產業的發達。望遠鏡就是在這種情況下發明的。據說，在一六○八年，荷蘭的一位鏡片師傅有一天不經意地從兩片鏡片望去，居然能看到遠方教會的屋頂，而且那屋頂好像近在眼前。望遠鏡就這樣發明了。

除了望遠鏡之外，火藥與大砲的發明也強化了西方的力量。黑色火藥據說是十世紀時中國人所發明的，詳細情形並不確知。英國人羅傑‧培根（Roger Bacon, 1214-1292）於一二五○年之前記述了木炭混合硝石、硫黃會爆炸。十三世紀時，歐洲已經普遍知道火藥。一三一三年，夫來堡（Freiburg）的一位修道士史瓦茲（Schwarz）以火藥為推進力，發射最初的砲彈。一三三六年，佛羅倫斯共和國訂購多尊金屬大砲，作為防衛用。

但是十四世紀的大砲是很粗糙的武器。當時的砲身是用棒狀鐵管熔接，外側再用鐵環扣緊，砲的內徑不是完整的圓形，而當時所發射的砲彈是大致呈球形的石彈，石彈的大小並不完全一樣，因此石彈與砲的內側之間有相當大的空隙。即使如此，當引爆火藥時，可以將

直徑十五公分的石彈，以初速每秒一百公尺，終速每秒五十四公尺，射到三百公尺外。這個速度要比傳統的投石器所發射的石彈快得多，因此衝擊力（破壞力）也大得多。

但是要發射這樣的石彈，必須用一公斤的火藥，而這麼多的火藥所產生的強大爆炸力很容易讓砲管的熔接處破裂。因此據說當時的大砲壽命都很短，平均每發射十發，砲管就會破裂。所以在當時，大砲還不是很理想的武器。

不過，這個缺點重重的大砲，到了十五世紀有了很大的改變。由於冶金技術的進步，出現了以銅鋅合金為原料的鑄造砲，而且石彈也被鍛鐵彈與鑄鐵彈所取代。這種新型的大砲可以把鐵彈，以初速每秒三百公尺，射到一千公尺外的地點，而且砲的耐久性也增加十倍。十五世紀時，已有西方的船隻裝載大砲。哥倫布、麥哲倫探險航海時，船上都裝有大砲。

當時的大砲依砲彈的重量來分，如三十二磅砲、二十四磅砲、十二磅砲。這個時代的火藥稱為黑色火藥，是以硝石、硫黃與木炭磨成粉狀，以適當比例混合而成，爆炸時會產生大量的煙，砲身中也會留有殘渣，因此每發射一發砲彈，就必須用一隻前端綁著海棉或濕布的長棒清除砲身內部。艦砲的有效射程頂多六、七百公

尺。砲彈以鉛、鐵作成，不會爆裂，效果有限，因此有人就設法「改良」，例如將兩個鐵塊用鐵鍊連結，這樣的砲彈可以輕易切斷敵船的船桅。還有在砲彈中放發火劑，點燃後發射，讓敵船中彈起火。也有在袋子中裝很多小金屬球，袋子落地裂開，小金屬球四射，殺傷甲板上的敵兵。

紙、活字印刷、羅盤、望遠鏡、火藥與大砲的發明，對西方文明的壯大產生了極大的助力，讓西方人在大航海時代能順利征服新世界。

15世紀的攻城圖，除了弓箭、長茅和攻城梯之外，圖左下方為當時的大砲，儘管每發射一次，就必須清理一次砲管，但大砲仍然具有極大的破壞力。

Chapter 6. *1500～1700*
大航海時代

馬可波羅遊記掀起「中國熱」

　　談完文藝復興，接下來要談的是地理大發現，也就是大航海時代。

　　文藝復興在義大利首先啟動，然後蔓延到其他歐洲國家；地理大發現則是由葡萄牙與西班牙率先開創，其他歐洲國家，尤其是臨大西洋的國家，如荷蘭、英國、法國，知道這個石破天驚的訊息後，蜂擁而至，分食地理大發現所產生的驚人利益。

要談十五世紀的地理大發現，必須先從十三世紀的馬可波羅（Marco Polo, 1254-1324）開始談起才行。馬可波羅是威尼斯人，一二七一年，十七歲時，馬可波羅隨父親與叔叔從家鄉威尼斯出發，經波斯、天山南路，於一二七四年抵達中國（元朝）。馬可波羅在中國住了十七年後，從福建泉州搭船，經波斯灣，於一二九五年，四十一歲時，回到家鄉威尼斯。三年後，也就是一二九八年，他在威尼斯對熱那亞的一場戰爭中被俘虜，在監牢裡關了一年。監牢裡有一位囚友是個作家，馬可波羅便對他口述自己的旅遊見聞，請對方記錄下來，這就是著名的《馬可波羅遊記》。

威尼斯、米蘭和熱那亞位在地中海連接東西方貿易的重要位置，彼此因商業利益競爭得非常激烈，十三世紀末，威尼斯和熱那亞因為爭奪海上貿易權爆發了戰爭，馬可波羅就是在其中一場戰役中受輕傷被俘虜到熱那亞。

馬可波羅在遊記中對亞洲各國的描述深深打動了歐洲人的心，讓歐洲人對東方產生極大的憧憬。到底是什麼樣的描述虜獲歐洲人的心呢？首先是對日本的描述。

　　《馬可波羅遊記》之中有一段關於日本的記載：

　　日本位於離大陸（中國）一千五百哩東邊的大海中，是個很大的島。……這個國家到處都有黃金，因此每位住民都擁有很多黃金。從來沒有人從大陸到日本，商人也不曾去過，因此日本豐富的黃金從來沒有人拿到國外。這個國家之所以現在還存在著如此大量的黃金，都是因為這個原因。

　　接下來我們來談談這個島國國王所擁有的雄偉宮殿。這位國王的宮殿完全是用純金做的。我們歐洲人的住屋和教會的屋頂是用鉛板鋪蓋，這座宮殿的屋頂卻全部用純金鋪蓋。因此其價值有多大，實在無法估計。宮殿內每個房間的地板全部用兩個手指厚的純金鋪設。此外，大廳也好，窗戶也罷，全都是用黃金做的。這座宮殿是如此豪奢，因此即使有誰報告其正確的評價，也肯定不會被人相信。

　　這個國家還生產大量的珍珠。那珍珠呈玫瑰色，圓形，很大顆，非常漂亮。和白色珍珠的價格比起來，玫瑰色珍珠的價格有過之而無不及。……除了珍珠之外，這個國家還出產各式各樣的寶石。

胡椒果。胡椒為多年生攀延性植物，葉子呈橢圓形、葉面呈深綠色、花開成串，每串可生50-60個漿果。

由此可知，在《馬可波羅遊記》裡面，日本是個遍地黃金、珍珠與寶石的島國。這樣的描述怎會不令歐洲人心動、嚮往呢？誰要是能到得了日本，豈不和進入寶山一樣？

　　此外，馬可波羅對中國的描述也深深吸引歐洲人。他盛讚杭州是「全世界最豪華、最富裕的城市」。又說：「杭州每天消費四十三袋胡椒，每袋二二三磅（一磅約四五四公克），真是多得令人咋舌。」胡椒當時在歐洲是非常珍貴的物品，這一點後文會詳細介紹。關於泉州，馬可波羅說：

丁香狀似釘子，並有強烈香味，因此得名。

　　這是個海港都市，從印度來的船，滿載著奢侈的商品、昂貴的寶石、又大又美的珍珠，一艘接著一艘進入這個海港。……如果說有一艘載著胡椒的船進入亞力山卓，準備將胡椒賣給各個基督教國家，那麼就有一百倍，也就是一百艘船駛進泉州。從其貿易額來看，可以斷言泉州的確是全世界兩大港之一。

　　除了日本與中國外，馬可波羅在遊記裡還提到日本附近海域的七四四八個島嶼（應該是指東南亞），他說：「這些島嶼上的每一棵樹木都是珍貴的香木，散放出強烈香氣。……此外，這些島嶼還生產各式各樣的香料，黑胡椒當然不用提了，還有豐富的像雪一樣的白胡

印度胡椒收成。

椒。黃金以及其他各種珍奇物品的產量也多得令人吃驚。」

馬可波羅筆下的爪哇島——

非常的富裕，生產胡椒、肉豆蔻、高良薑、甘松香、蓽澄茄、丁香等，總而言之，所有昂貴的香料，這個島都有生產。很多商人乘船到這兒來買各種貨物，這些商人都靠著這項貿易而賺大錢。這個島擁有的財富難以估計，也無法用言語形容。……在全世界販賣的香料，大部份都是來自於這個島。

馬可波羅提到羅斛（現在泰國的一部份）時，說「這個國家生長著茂盛的蘇木與黑檀，還生產大量的黃金。」

而錫蘭島更是——

出產全世界任何地方都沒有的上等珍貴紅寶石。此外，錫蘭島還出產藍寶石、黃玉、紫水晶、石榴石等各種寶石。這個島的國王所擁有的紅寶石是全世界最珍貴的，像這麼珍貴的紅寶石，過去沒有出現過，未來恐怕也不會出現吧。那紅寶石長約一手尺（約二十公分），厚約男人的手腕，散放出燦爛耀眼的光輝，沒有一絲毫的瑕疵，顏色呈現如火焰般的赤紅。談起它的價值，拿再多的錢來，也買不到。元朝的皇帝曾經派遣使者到錫蘭島，向錫蘭國王說，願意以相當一個城市的價格，購買那顆紅寶石。但是國王回答說，那是先祖傳下來的寶物，因此出再多的錢，也不賣。

此外，馬可波羅還提到印度半島上許多國家所生產的胡椒和香辛料。

歐洲人為何這麼珍視胡椒和香辛料？

無論古今中外，黃金、鑽石、珍珠、寶石都是非常值錢的東西，但是胡椒和香辛料呢？馬可波羅為什麼在他的遊記裡花

羅馬帝國時期，經過兩百多年的繁榮盛世，但羅馬人卻因為長治久安，養成奢靡享受的生活習慣，也成了日後帝國衰亡的遠因。

很大的篇幅述說胡椒和各種香辛料的產地呢？

　　因爲胡椒和各種香辛料在當時的歐洲是很珍貴的東西，甚至可以和金銀珠寶相提並論。在自然界，某些植物的根、莖、幹、枝、皮、葉、花、果實、種子具有特殊的香味。這些植物大多生長在東南亞。以印度與印尼的胡椒、丁香、肉豆蔻、肉桂爲代表。

　　翻開東南亞的地圖看看，在菲律賓東南方，新幾內亞的西方，西伯里的東方，有一群島嶼，叫做摩鹿加群島（Moluccas），面積七萬四千五百平方公里。這些剛好位於赤道的群島又稱爲香料群島（Spice Island），因爲這裡是全世界唯一的丁香產地。不過由於丁香的價格太過昂貴，在香辛料之中，最受歐洲人青睞的是胡椒，產地是在印度的西南海岸、印尼的爪哇與蘇門答臘以及馬來半島。

　　這些香辛料當作調味料加在食物中，可以讓食物更添美味，促進食慾，或者食物（如魚、肉）本身如果帶有腥味，香辛料還有去腥的效果。此外香辛料還有防腐和殺菌的功能。除了當成調味料之外，古代人還把香辛料視爲一種藥。

　　香辛料產於熱帶的東南亞，歐洲由於位於溫帶，受限於氣候條件，無法種植香辛料作物，因此若對香辛料有需求，就得從東南亞進口才行。印度的胡椒在希臘時代就已經進入歐洲，不過當時希臘人把胡椒當成貴重的

藥品，只有少數人使用。到了羅馬帝國時代，胡椒才比較大量地進口到歐洲。

　　羅馬人的奢侈生活需要中國的絲織品、印度的寶石、珍珠、胡椒與非洲的象牙。其中羅馬人花最多錢購買胡椒，因為胡椒可以促進食慾。當時的羅馬貴族經常舉行宴會，宴會上擺滿山珍海味，可是胃的容量有限，吃飽後還有很多美食尚未品嚐，怎麼辦？這些已經酒足飯飽的羅馬貴族就讓自己上吐下瀉，然後又重新開始大吃特吃。

　　如此奢侈、浪費、貪食到幾近變態的羅馬人，當然願意花大把錢購買能促進食慾的胡椒。

　　西元四一○年，西哥德王阿拉里克一世（Alaric I, 370-410）率兵包圍羅馬時，向羅馬要求黃金五千磅、銀三萬磅、絲織上衣四千件、上等紅色的布三千四、胡椒三千磅，作為撤除包圍的條件。由此可見，長期以來在羅馬人餐桌上不可或缺的胡椒，這時也已滲透到文化程度較低的蠻族之中。

　　後來，受到羅馬帝國衰退的影響，印度洋貿易也呈現停滯，胡椒進口減少，價格因而高漲。由於價格昂貴，胡椒還可當貨幣使用。商人在買賣胡椒的時候，甚至一粒一粒地數。

　　胡椒以及其他香辛料在東南亞原產地其實並不昂貴，但是因為從東南亞運到地中海，不但路途遙遠，而

且中間必須經過很多次的轉賣，才會到達消費者手中，因此最後的零售價格往往比原產地的價格高出數十倍。

香辛料的用途

西方人習慣肉食，一般農家都有種植牧草，以飼養牲畜（以牛為主）。可是到了冬季，氣候嚴寒，牧草都會枯死。怎麼辦？農家就在冬季來臨前，將牧草全部割下，存放在倉庫，作為牲畜在冬季的飼料。可是即便如此，這些乾牧草還是不夠所有的牲畜吃，因此農家就必須宰殺一部份牲畜。宰殺這些牲畜之後，一時之間吃不完這麼多的肉，當時又沒有冰箱。怎麼辦？於是，農家使用鹽將肉醃起來，讓肉不易腐壞，等日後再拿出來慢慢吃。

然而這些醃過的肉雖然不易腐壞，但等到拿出來要吃的時候，卻有一股刺鼻的腥味，難以下嚥。香辛料，尤其是胡椒，就成為西方人在料理肉類食物時最好的去腥法寶。後來，西方人吃慣胡椒的口味，即使在料理新鮮的肉，仍然會撒一些胡椒，以增添食物的美味。

威尼斯商人與十字軍東征

十二、三世紀以來，以威尼斯為首的義大利北部各都市掌控了地中海貿易，他們經由伊斯蘭教商人，進口

東方的產物，如絲織品、棉織品、寶石、象牙與香辛料，然後轉手賣給其他歐洲國家，獲取巨額利潤。

　　威尼斯商人的精打細算在中世紀的歐洲是遠近馳名，英國文豪莎士比亞就寫有一部《威尼斯商人》。威尼斯商人唯利是圖，有時為了做生意，甚至可以把是非道義拋諸腦後。威尼斯商人這種生意至上、金錢第一的作風在十字軍東征其間便發揮得淋漓盡至。

什麼是十字軍東征呢？

　　阿拉伯人在穆罕默德（570-632）創立伊斯蘭教之後，東征西討，向外擴張領土，建立了一個橫跨歐亞非三洲的伊斯蘭教帝國。伊斯蘭教徒的向外擴張當然威脅到歐洲各國，首當其衝的就是夾在歐洲與阿拉伯半島之間的拜占庭帝國（又稱東羅馬帝國，大約位於現在的土耳其及巴爾幹半島的一部份）。拜占庭皇帝阿歷克塞（Alexius Comnenus, 1048-1148）便向羅馬教宗烏爾班二世（Urban II, 1042-1099）求援。畢竟拜占庭與羅馬教廷都信奉基督教，而侵略拜占庭的則是異教伊斯蘭教徒。羅馬教宗於是於一〇九五年召開宗教會議，決議

第七次十字軍東征是法王路易九世獨自率兵攻擊突尼斯，但全軍染上瘟疫，造成大量死亡，路易九世也死於疫病。此後教皇多次號召十字軍，都未能成行，十字軍東征徹底告終。

141

發動十字軍，從伊斯蘭教徒手中奪回聖城耶路撒冷。這就是第一次十字軍（1096-1099）。此後歐洲基督教世界總共向伊斯蘭教世界發動七次軍事攻擊，前後長達一百七十四年。

在這將近兩個世紀的期間，基督教世界與伊斯蘭教世界勢如水火，威尼斯身為歐洲基督教世界的一員，照理講，應該與其他基督教國家同仇敵愾，共同對抗伊斯蘭教徒才對，可是威尼斯卻採取政經分離政策，也就是在政治上擁護基督教世界對伊斯蘭教世界進行聖戰，在經濟上卻繼續與伊斯蘭教徒來往貿易。甚至為了賺錢，而不惜做出違背基督教世界利益的事。例如，威尼斯商人把達馬地亞（位於現在南斯拉夫西海岸地區）的婦女和兒童賣給蘇丹的後宮當奴隸，或者把亞得里亞海沿岸的木材賣給伊斯蘭教徒建造船艦。當然威尼斯商人也絕不會忘記向伊斯蘭教徒購買胡椒等東方物產，再轉賣給歐洲消費者。

一開始，威尼斯還有比薩、熱那亞等其他商業上的競爭對手，但比薩於十三世紀在這場商業競爭中挫敗後，剩下威尼斯與熱那亞兩雄相爭。到了一三八○年，威尼斯在海戰中擊敗熱那亞，確立了威尼斯在東地中海貿易的優勢地位。

威尼斯之所以成功致富，可說是因為掌握了東方物產的進貨源之故。他們在亞歷山卓、貝魯特與君士坦丁

印度胡椒。馬可波羅形容胡椒「長成後形狀像蛇」。

142

堡等地設立商館，從伊斯蘭教徒商人購入東方物產，運回義大利，然後越過阿爾卑斯山，運到法國東部的香檳區（Champagne）國際集市，賣給來自歐洲各地的商人，獲得巨額利潤後，再向歐洲各地的商人購買高級毛織物與麻織物，運回地中海各地的商館，賣給伊斯蘭教商人。如此來也賺，去也賺。威尼斯商人就是這樣周旋於伊斯蘭教商人與其他歐洲商人之間，左右逢源。

事實上，胡椒等香辛料從印度與東南亞運到歐洲消費者的過程中，不只是威尼斯商人嚐到甜頭而已。威尼斯商人嚐到的甜頭只是其中的一小部份。十五世紀初期，有一位名叫巴拉特梅的義大利佛羅倫斯人，在東方旅行二十四年，於一四二四年回到威尼斯後，對當時的教宗提出報告書：

我們必須知道香辛料從東印度諸島運到我們這兒，經過了多少人的手。

一、大爪哇島的住民從其他島買來香辛料。

二、錫蘭島的人到爪哇島買香辛料，運到錫蘭島。

三、在錫蘭島繳納關稅後，賣給奧雷·赫魯索那斯島的商人。

四、塔普洛巴拿島的商人到奧雷·赫魯索那斯島買香辛料，繳納關稅後，運回。

五、亞丁港的伊斯蘭教徒到塔普洛巴拿島買香辛

料，繳納關稅後，運回。

　　六、開羅的人到亞丁港買香辛料，經海路、陸路，
運回。

　　七、威尼斯等地的人向開羅買香辛料。

　　八、日耳曼人到威尼斯來買香辛料，繳納稅金。

　　九、香辛料運到法蘭克福等地，繳納稅金。

　　十、香辛料運到英國與法國，繳納稅金。

　　十一、香辛料進入零售商的手裡。

　　十二、使用香辛料的人向零售商購買。

　　高關稅與中間利潤居然多達十二次。每抽一次關
稅，十磅的商品就要被抽一磅（換言之，每次的稅率為
百分之十）。這是佛羅倫斯的巴拉特梅於一四二四年從
印度出發來到威尼斯，向歐根四世教宗述說的二十四年
間的觀察與經驗。

　　如果中間轉手十二次，每次都被抽取一成的關稅與
一成的利潤，那麼經過十二次的轉手，即使不計算中間
的運費，最後到達消費者的手裡時，香辛料的價格大約
變成比產地的價格貴九倍。由於中間經手的盤商與被抽
取的關稅太多了，如果歐洲人能直接到原產地購買香辛
料，運回歐洲，那就可以避免繁多的剝削，而賺取到驚
人的利潤。

　　在這個情形下，義大利以外的其他地中海國家自然

會這麼想：有沒有辦法可以不經過威尼斯商人，購得東方物產，甚至不經過伊斯蘭教商人，直接到亞洲的原產地去購買東方物產，這樣一來，原先被威尼斯商人與伊斯蘭教商人抽取的中間利潤不就會進自己的荷包嗎？如果威尼斯商人只是抽取香辛料貿易過程中的一部份利潤，就賺了那麼多錢，那麼若能直接到原產地去進貨，豈不可以獲得遠大於威尼斯商人的利潤？這樣的商機實在太有魅力了！

此圖呈現 1469 年，亞拉岡的王子和卡斯提爾的公主結婚，促成了西班牙的統一。

吹響航海探險的號角

西元七一一年，北非的伊斯蘭教徒渡海侵入伊比利半島，伊比利半島上的基督徒節節敗退，一直退到半島北邊的高山。從此，伊比利半島的基督教住民便歸伊斯蘭教徒（摩爾人）統治。

九、十世紀時，伊比利半島的伊斯蘭教王國（後倭馬亞王朝）達到最頂盛，首都哥多華據說是當時世界最大的都市，也是整個歐洲文化水準最高的地方。哈里發的圖書館藏書六十萬卷，很多學者在裡面研究被中世西歐學界遺忘的古希臘典籍。其影響不僅及於伊斯蘭教世界，後來還刺激歐洲文藝復興的興起。

後倭馬亞王朝對國內的基督教徒與猶太教徒採取寬容政策，尊重他們的信仰、生命與財產，只對他們課征特別稅，因此統治者與被統治之間的關係大至良好。可

是一部份逃到伊比利半島北部的基督徒則盤踞在坎達布連山與庇里牛斯山，不時對後倭馬亞王朝發動攻擊，想要奪回淪陷的國土，這被稱之為「國土光復運動」（Reconquista）。這個運動從七一八年就展開，一直持續到一四九二年，前後長達將近八百年。

十一世紀初，伊斯蘭教勢力分裂成二十個小國，基

大航海時代之前的西方人認為，印度洋的土地上住著奇異的人和動物，並且根據想像畫出各種妖怪般的人類。圖為 16 世紀版畫。

督教勢力乘機攻擊，十一世紀末，半島將近光復一半。

一一四三年，葡萄牙獨立。

一四六九年亞拉岡的王子與卡斯提爾的公主結婚。十年後，一四七九年，兩人即國王位時，兩國也正式合而爲一，成爲西班牙。一四九二年，兩王攻下伊斯蘭教徒在伊比利半島上的最後據點格拉那達（Granada）。現在，伊比利半島的每一寸土地全都被基督徒奪回，「國土光復運動」正式完成。格拉那達的伊斯蘭教徒則渡海逃到北非，正式結束了他們在伊比利半島統治了八百年的歷史性工作。

這個時候，伊比利半島上的兩個國家——葡萄牙與西班牙，開始站上世界舞台的中央，他們成爲歐洲文明往外擴張的開路先鋒。這支先鋒部隊中，站在最前端的，是葡萄牙的航海王子亨利（Henry the Navigator, 1394-1460）。航海王子亨利是葡萄牙歷史上最偉大的英雄，因爲他吹響了大航海時代的號角，把歷史的巨輪推往全球化的方向。

亨利是葡萄牙國王約翰一世的第五個兒子。他於一四一五年，也就是二十一歲時，率領葡萄牙軍隊，渡海攻下非洲北岸的休達（Ceuta）。他在與伊斯蘭教徒交戰的過程中，獲得一項訊息，那就是非洲西岸的幾內亞有很多黃金、胡椒、寶石與奴隸。這項訊息引起了他想要沿著非洲西岸南下，尋找這些珍貴物質的動機。若能因

西元711年阿拉伯人入侵西班牙。開始了近800年的伊斯蘭統治。西元718年基督徒展開國土光復運動，直到1492年才收復與統一西班牙。圖中灰色部分為阿拉伯人的勢力範圍。

此找到通往亞洲的另一條途徑，那更將是他此生此世最引以為傲的豐功偉業。

航海王子亨利南下非洲西岸還有一個動機，那就是尋找祭司王約翰（Prester John）。

自中世紀以來，歐洲就傳說在中亞有一個信仰基督教的王國，那個王國的統治者是祭司王約翰。當歐洲的基督教世界和伊斯蘭世界衝突愈來愈激烈時，有些基督徒就想出一個點子：何不聯合這個傳說中的祭司王約翰，共同夾擊伊斯蘭教徒？後來，隨著時代的演變，有傳言指出，這個祭司王約翰的王國不在中亞，而是在非洲。因此航海王亨利南下非洲西岸的另一個動機，很可能是要去尋找祭司王約翰。

對葡萄牙人來說，西非還有一個魅力。西非雖然土地貧瘠，沒什麼物產，但卻有黑人。只要擄獲黑人，運回葡萄牙，就可以在奴隸市場獲利。

然而，長期以來，在伊斯蘭教徒的進逼下，歐洲基督教世界一步步從地中海退守歐洲內陸，成為一種鎖國狀態。自古希臘以來，歐洲本來是海洋文明，長久退居內陸之後，竟然對海洋覺得陌生，甚至懼怕海洋。希臘人那種自由奔放的宇宙觀、地理觀已不復存在，取而代之的是在基督教神學的影響下所形成的以耶路撒冷為世界中心的平面世界觀。在這種世界觀之下，形成一些荒誕無稽的傳說，例如，中世的歐洲人認為亞洲與非洲住

著無頭怪人和巨腳怪人；有些人相信沿著非洲西岸南下會碰到沸騰的海洋，到了那裡，人與船都會被烤焦；還有傳言說遠洋住著惡魔與怪魚。但是這些捕風捉影未經證實的傳說卻一點兒也阻礙不了航海王子亨利的豪情壯志。

航海王子亨利，仍被今人憑弔

　　航海王子亨利攻下休達之後，於一四一九年，在葡萄牙南部的聖文生海角（C. St. Vincent）設立一所航海研究所，延攬宇宙學、地理學、數學、天文學、造船、航海、海圖製作等領域的專家，並從各地蒐集各式各樣的地圖、海圖、旅行紀錄、地理書、以及一切與航海有關的書籍。除了這所研究所外，航海王子亨利還在聖文生海角設立全歐洲第一所航海學校，這所學校的師生不止來自於葡萄牙，還來自於西班牙、義大利、法國、英國、北海、波羅的海等地方。這所學校為葡萄牙以及西方培育了無數的航海人才。

　　後來，為了紀念航海王子亨利的偉大業績，葡萄牙人在這個海角建造了亨利以及他的跟隨者的雕像。到了今天，葡萄牙海軍的船艦經過這個海角時，水兵們仍會按照慣例，在甲板上列隊向雕像行禮致敬。

這幅 1420 年的油畫中，手捧模型船的為航海先驅亨利王子，他正在聆聽船長彙報，一旁手提航海羅盤的則是隨遠征隊出航的傳教士。

Chapter 5
大航海時代

航海王子亨利準備妥當後，開始派遣探險船沿非洲西岸南下。一四三六年時，葡萄牙的探險船越過伊斯蘭教徒在非洲的勢力範圍，進入「不可知的世界」。

一四四一年，葡萄牙的探險船抵達現在的茅利塔尼亞的諾克少一帶，發現當地有黑人，便俘虜了一些黑人，帶回葡萄牙。葡萄牙商人得知這個訊息後，接踵而至，捕捉非洲黑人。因為在他們眼中，這些黑人都是商品。非洲西海岸的黑人從此陷入慘絕人圜的境遇。一四六〇年，葡萄牙的探險船抵達獅子山（Sierra Leone）。不過就在這一年，航海王子亨利去世。

一四七三年，葡萄牙的探險船越過赤道，發現那兒的海水並不沸騰，人也沒被烤焦，打破中世以來荒誕無稽的傳說。

16 世紀的葡萄牙里斯本港，為當時遠航非洲的重心。

發現非洲南端新航路，打破絲路的壟斷

一四八二年，葡萄牙人在西非黃金海岸（現在的迦納南部海岸）建立城堡，作為奴隸貿易的根據地。一四八八年二月，葡萄牙的探險船抵達南緯三十四度，再過去就是汪洋大海，沒有陸地，顯然這裡是非洲的南端。葡萄牙國王約翰二世把這非洲的南端命名為好望角（Cape of Good Hope）。

一四九七年，葡萄牙國王派遣達迦馬（Vasco da Gama, 1469-1524）出航，沿非洲西岸。南下，繞過南非好望角，進入印度洋。一四九八年五月，終於抵達印度西岸的卡利卡特（Calicut），夢寐以求的印度航路大功告成。葡萄牙人終於可以不透過義大利商人與伊斯蘭教徒，直接與印度人交易了。

　　當時，卡利卡特的人問達迦馬：「你們從那麼遠的地方來是為了什麼？」達迦馬回答：「為了尋找基督徒與香料。」

達伽馬於 1479 年出發尋找向東航行的路線，他繞過非洲的好望角，抵達東印度群島，從此葡萄牙取得印度洋的控制權。

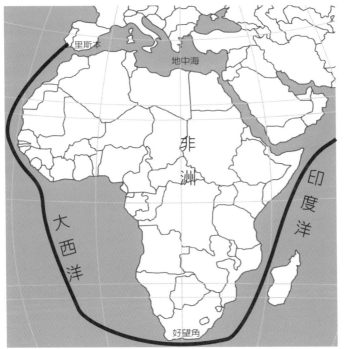

里斯本

地中海

非洲

印度洋

大西洋

好望角

在達伽馬成功繞過好望角到達印度之前，歐洲人只能尋陸路，經過阿拉伯人的地盤前往東方貿易，圖為達伽馬的航海路線。

一四九九年八月底，達迦馬載著香料回到里斯本，受到葡萄牙人熱烈歡迎，自國王以下，所有的葡萄牙人無不歡欣鼓舞。從一四一五年航海王子設立航海研究所以來，歷經八十幾年的努力，終於成功開闢通往亞洲之路，突破了義大利商人與伊斯蘭教商人數百年來的壟斷，得以直接到東方物產的原產地，眼看無限商機就在

西葡兩國在大航海時代之初，劃地瓜分世界，而且百般阻撓荷蘭船隻在大西洋的發展，但是荷蘭人反而因此轉向開拓東印度群島，並與當地首領達成壟斷香料市場的協議。

152

眼前，葡萄牙人怎會不歡欣鼓舞？

　　葡萄牙人立刻在東非的尚吉巴（Zanzibar）、印度的卡利卡特與臥亞（Goa）設立貿易據點，並於一五一〇年佔領臥亞，一五一一年佔領馬來半島的麻六甲。接著就是佔領爪哇島及香料群島——摩鹿加群島。歐洲人終於佔領了他們夢寐以求的香料產地。

　　葡萄牙人在印度與麻六甲還得知與中國貿易有厚利可圖。一五一四年，葡萄牙派遣三艘船到廣東要求通商，被明朝拒絕，葡萄牙只好在廣東、福建、浙江沿岸與中國商人偷偷貿易。一五五七年葡萄牙人獲得澳門的居住權，他們在廣州購買中國的物產，運到日本銷售，再購買日本的物產，運回廣州賣給中國人，來來回回賺取差價。當然，他們也將印度、南洋諸島、中國和日本的各種物產運回歐洲各地銷售。這些物產之中，當然是以胡椒香料為最大宗。葡萄牙的最盛期，在亞洲擁有五十個據點，在印度洋配備一百艘船。西自非洲東岸，東到日本長崎，全屬葡萄牙的勢力範圍。

　　但是小國葡萄牙有一個很大的弱點，那就是人口太少了。一六〇〇年時，整個葡萄牙的人口只有一百萬人。葡萄牙在亞洲的據點太多，人口卻太少。所以葡萄牙註定無法獨占亞洲的利益太久。

　　葡萄牙人在這個新天地吸取利益的方法是：第一，獨占香料與胡椒的貿易，將香料與胡椒運到歐洲，獲取

暴利。第二，以武力為後盾，命令所有在印度洋港口出入的船隻都必須持有葡萄牙所發行的航海許可證，並對船上所載的貨物課以關稅。

荷蘭與英國搶食東方貿易大餅

葡萄牙的這個海上帝國自一五六〇年左右便開始步入衰退。原因是在於荷蘭與英國發現葡萄牙居然獨自在亞洲享受大餅，於是悍然介入，前來瓜分。

首先向葡萄牙挑戰的是荷蘭。荷蘭的商人派遣浩特曼（Cornelis de Houtman, ?-1599）到葡萄牙首都里斯本刺探東方貿易的實情。浩特曼回到阿姆斯特丹報告後，那些商人就出資設立公司，請浩特曼率領四艘商船，於一五九五年四月出發，十四個月後，也就是一五九六年六月，抵達爪哇，購買胡椒等商品。

接著，內克（Jacob Corneliszoon van Neck, 1564-1638）於一五九八年率領八艘荷蘭商船出發，六個月後抵達爪哇，購買大量胡椒。這些胡椒帶來四倍的利潤。

從一五九五年至一六〇二年，荷蘭有十四家公司先後成立，為的就是要到亞洲貿易。後來，為了避免過度競爭，這些公司便於一六〇二年合併為荷蘭東印度公司。荷蘭東印度公司將根據地設在爪哇島的巴達維亞（也就是雅加達），向葡萄牙奪取錫蘭島（現稱斯里蘭卡）與麻六甲，後來又奪取摩鹿加群島。

荷蘭人並不滿足，繼續揮軍北上，於一六二三年佔領澎湖，一六二四年佔領台南的安平，以這裡為據點和中國、日本展開貿易。就這樣子，起步較晚的荷蘭取代新航路的開拓者葡萄牙，於十七世紀中葉，掌握了東方貿易的霸權。航海王子亨利和達迦馬要是地下有知，恐怕要扼腕嘆息吧！

英國也不甘在東方貿易爭霸戰中缺席。一五九一年，英國船在大西洋捕獲了一艘從印度返回里斯本的葡萄牙香料船。英國人在這艘船上發現一些文件與帳冊，英國人根據這些文件與帳冊，明白了葡萄牙在東方貿易的實際情形，也赫然發現東方貿易的利潤實在誘人。英國人對東方貿易的興趣因而急速升溫。

一六○○年，英國商人成立東印度公司，並獲得英國女王授予東方貿易的獨佔權。東印度公司派遣五艘商船到爪哇設立商館。一六○七年，荷蘭從葡萄牙人手裡搶得安汶（Ambon）島，在島上設立商館，後來，英國也在該島上立商館。荷英兩國在島上的競爭愈來愈白熱化。一六二三年，安汶島上的荷蘭商館員把英國的十位商館員全部殺死。英國後來雖然獲得金錢賠償，但當時荷蘭在東南亞的勢力遠大於英國，因此英國只好將摩鹿加群島的香料貿易讓給荷蘭，自己則專心於印度殖民地的經營。

不過英國反而因禍得福，因為英國在印度找到很多

重要的物產，如製造火藥的硝石、染料青藍以及物美價廉的印度棉。尤其是印度棉的進口，對英國工業革命的發生起了很大的催化作用。

荷蘭於一五九六年抵達印尼的雅加達。並於一六○二年成立「荷蘭東印度公司」來經營新獲得的殖民地。荷蘭還想要與中國、日本貿易，但從雅加達到中國與日本距離稍遠，必須在中途另外找個基地。於是荷蘭艦隊從雅加達北上，於一六○三年登陸澎湖。這是歐洲人首度踏上澎湖。

中國元朝曾將澎湖列入版圖，明朝則於一三八八年放棄，但是一聽到荷蘭人佔領澎湖，明朝便立即派大軍將荷蘭人趕走。荷蘭人本來想拿下被葡萄牙人佔領的澳門，但失敗，便於一六二二年再度佔領澎湖。明朝於一六二四年攻擊澎湖的荷蘭軍，經過八個月的攻防，雙方達成停戰協定，亦即，荷蘭人退出澎湖，明朝答應讓荷蘭人佔領台灣，並答應與荷蘭通商。對荷蘭人而言，台灣比澎湖大得多，這麼好的條件豈有不答應的道理？

荷蘭艦隊自澎湖撤退之後，便直接開往台灣，於一六二四年八月二十六日登陸台南附近的安平。此後，荷蘭人在台灣統治了三十八年。

西班牙佔領菲律賓後，也對台灣食指大動。一六二六年五月西班牙的艦隊自馬尼拉出發，沿著台灣東岸北上，於雞籠（基隆）登陸，並舉行佔領儀式，建築城

堡，名為「聖救主」（San Savatore）。兩年後，也就是一
六二八年，繼續西進，佔領淡水，建築城堡（紅毛
城）。但一六四二年，荷蘭派艦北上，將西班牙人趕
走，西班牙人佔領台灣北部十七年至此落幕。西班牙人
撒退之後，荷蘭人佔領台灣的區域由原先的南部擴展到
北部。

這幅 17 世紀玻璃鑲嵌
畫上的人是羅傑·培
根，他是聖方濟教會的
一名修士，同時也是一
位科學研究者，除了研
究煉金術、火藥和天象
觀察之外，他也贊成地
圓說。

　　一六六一年，對抗清廷的鄭成功退守廈門與金門。
這時候，有一位為荷蘭人擔任翻譯官的台灣人何斌，因
為躲避債務，逃到廈門。他獻給鄭成功一張台灣的海
圖，並告訴鄭成功，台灣物產豐富，何不派軍佔領，作
為反清的基地？鄭成功便把防守廈門與金門的工作交給
兒子鄭經，自己率軍兩萬五千人，船艦四百餘艘，由何
斌帶路，於同年四月佔領澎湖，並直撲台灣。荷蘭人於
一六六二年二月戰敗投降，退回雅加達。荷蘭人在台灣
三十八年的統治至此畫下休止符。

地圓說與哥倫布的發現

　　大航海時代有兩個地理大發現，一個是葡萄牙人發
現通往亞洲的新航路，另一個是哥倫布發現美洲。

　　哥倫布（Christopher Columbus, 1451-1506）生於義
大利的熱那亞，父親是個紡織工。不過哥倫布並沒有繼
承父業，十四歲就當船員出海航行。一四七七年，哥倫
布二十六歲時，到葡萄牙里斯本。對有志於航海的人來

說，當時的里斯本是個聖城。哥倫布在里斯本和弟弟一起從事製作地圖、銷售地圖的工作，並且一有機會，就參加前往馬得拉群島或非洲西岸的航海。哥倫布在里斯本花了很多時間研讀當時最新的世界地圖與地理書，學到很多航海學和地理學的新知識，最後他得到的結論是：地球既然是圓的，從歐洲往西航行的話，必然可以到達遍地黃金的日本、夢寐以求的香料群島，以及繁華似錦的中國。

「地球是圓的」這個觀念是希臘文明的遺產。希臘學者畢達哥拉斯認為地球是圓的，為什麼地球是圓的呢？畢達哥拉斯認為球體是物體中最完美的形態，太陽和月亮都是球體，地球當然也應該是球體才對。畢達哥拉斯的地球球體說沒有任何科學根據，只是一種哲學性的宇宙觀。

亞里斯多德也認為地球是圓的，不過他的主張顯然比較有科學根據。他的根據有兩個，第一，月蝕的時候，映照在月球表面上的地球的影子呈圓形。第二，在埃及看得到的星星，在希臘卻沈沒在地平線下而看不見。亞里斯多德的門生迪克伽斯（Dicaearchus, ca. B.C. 300）著有《地球的周圍》，他不但認為地球是圓的，還測量出地球的周長為四萬七千兩百五十公里。

希臘時代最傑出的地理學者埃拉托塞尼斯（Eratosthenes, ca. B.C. 276-194）年輕的時候到雅典的柏

拉圖學園和呂克昂學園（Lykeion）求學，在那兒打下數學與自然科學的基礎。西元前二四四年，他受托勒密三世之邀，赴亞歷山卓，擔任托勒密三世之子（托勒密四世）的家庭教師，同時任亞歷山卓圖書館研究員，後來擔任亞歷山卓圖書館館長。埃拉托塞尼斯著有《地球的測量》。根據他的測量，地球的周長為三萬九千三百七十五公里，與地球的實際周長四萬公里非常接近。

埃拉托塞尼斯還著有世界地圖，這世界地圖有直線、橫線，類似現代地圖的經緯線，不過與經緯線不同的是，線與線之間卻不一定等距。到了天文學者希波克斯（Hipparchos, B.C. 190-120）才採取等距離的經緯線。托勒密（Ptolemy, 100-168）的世界地圖更進一步將地球的圓周分成等距離的三六〇度。還有一位被稱為「古代最具知性的旅行家」波西杜尼斯（Posidonius, B.C. 135-50）測量出地球的周長為二萬八千三百五十公里。

到了中世紀，隨著基督教的普及與神學的發達，古代地理學最珍貴的遺產「地球球體說」被視為異端，因為《聖經》裡根本沒有提到「地球是球體」，神學家認為大地當然是平的。八世紀時，奧地利薩爾斯堡的主教維吉流斯（Virgilius）因為認為「地球的下面住著其他世界的人」，而被教宗逐出教會。由此可見，中世紀的地理學也受到宗教的干擾，呈現嚴重的倒退。直到大翻譯時代和文藝復興時代，歐洲的地理學才又重露曙光。

前面曾經提到十六世紀英國哲學家培根（Francis Bacon, 1561-1626）寫了一本描繪理想社會的《新亞特蘭提斯》。十三世紀時，同樣在英國，也有一位哲學家叫培根，也就是羅傑・培根（Roger Bacon, 1214-1292），這位早三百多年出生的羅傑・培根贊成亞里斯多德的看法，認為地球是球體，而且介於歐亞之間的海洋並不會很寬，換言之，他的主張暗示了從歐洲往西航行抵達亞洲的可行性。

希臘文明的遺產給了哥倫布往西航行的理論保證，馬可波羅則激發了哥倫布往西航行的動機。如前所述，馬可波羅在《馬可波羅遊記》中對日本、中國、印度與東南亞的介紹，讓許多的歐洲人產生了無限的憧憬與嚮往，哥倫布也不例外，《馬可波羅遊記》中堆積如山的金銀財寶、胡椒香料深深地吸引了他。

西班牙塞維拉（Sevilla）的哥倫布圖書館裡現在仍保存著哥倫布的藏書，其中有一本是一四八五年出版的《馬可波羅遊記》。哥倫布在閱讀這本《馬可波羅遊記》時，認為重要的地方，就會在那一頁的周邊空白處寫下要點或心得。這要點或心得多達三百十八處，可見哥倫布多麼仔細地閱讀這本書。將哥倫布的這三百十八處的要點或心得，經過整理、分類後，可看出哥倫布所看重的東西。

哥倫布翻閱《馬可波羅遊記》筆記統整

事項	次數	%
地理（地名及其他）		34
氣象		4
港，船，航海		21
建築物，城		7
人物，風俗		19
水果		4
酒類		5
食物		25
藥品		8
商品（其中絲9）		24
動物	64	20
香料	51	16
金銀	20	6
寶石（珍珠、珊瑚）	26	8
其他		6
合計	318	100

其中，動物之所以出現最多次，是因為《馬可波羅遊記》中本來就有很多與動物有關的記載。值得注意的是，香料、金銀與寶石這三種加起來總共出現九十六

次，佔百分之三十。由此可見哥倫布在閱讀《馬可波羅遊記》時，最關心的是香料與金銀財寶這些記載。

給哥倫布西航信心的則有兩個人，一個是古代的地理學家托勒密，托勒密把地球的圓周估測得比實際的還小的多，把亞洲的寬度估測得比實際的大的多，以至於從歐洲的西端到亞洲的東端之間的距離，就比實際的還要短的多。換言之，根據托勒密的看法，從歐洲往西航行到中國並非難事。

另一個人是義大利佛羅倫斯的天文學者托斯卡內里（Toscanelli, 1397-1482）。哥倫布經友人介紹，認識托斯卡內里，並向他請教地理學上的問題。葡萄牙國王曼紐爾一世（Emanuel, 1469-1521）曾向托斯卡內里詢問，如何抵達印度。托斯卡內里於一四七四年六月回信，並附上一張自己畫的海圖。

托斯卡內里在信上說，世界是球形，所以從里斯本一直向西航行的話，可以抵達印度、日本和東亞，而且這個距離不是很遠。他並建議葡萄牙國王如此做。但是葡萄牙國王最後還是沒有採納托斯卡內里的建議。托斯卡內里把這封信的內容告訴哥倫布。哥倫布知道到這封信的內容後，更堅定了他往西航行尋找日本，尋找東亞，尋找黃金、胡椒、香料的信心。除了尋找金銀財寶、香料胡椒這個凡俗的目的之外，他還有兩個精神層次上比較崇高的目的。

第一個較崇高的目的是爲了傳播基督教。按照《聖經》的記載，基督徒有義務向全世界的非基督徒傳教，讓萬民成爲耶穌的門徒，讓全世界基督教化。

　　《新約聖經馬太福音》第二十八章第十五節有記載：「十一個門徒往加利利去，到了耶穌約定的山上。他們見了耶穌就拜他，然而還有人疑惑。耶穌進來，對他們說：『天上地下所有的權柄都賜給我了。所以，你們要去，使萬民作我的門徒，奉父、子、聖靈的名給他們施洗。』」

　　《馬可福音》第十六章第十五節也記載：「你們往普天下去，傳福音給萬民聽。信而受洗的，必然得救；不信的，必被定罪。」

　　既然基督徒有義務向全世界的非基督徒傳教，哥倫布要前往亞洲，向亞洲人傳教，豈不是堂堂正正的事？豈不是所有的基督教君主都應積極支持的事？

　　第二個較崇高的目的是爲了對抗伊斯蘭教，並確保基督教世界的安全。

　　一四五三年，信仰伊斯蘭教的鄂圖曼土耳其攻陷君士坦丁堡，消滅東羅馬帝國，對基督教世界造成極大的威脅。哥倫布於是提議：避開被伊斯蘭教徒包圍的非洲，以及避開伊斯蘭教徒勢力所在的東地中海和中東地區，從歐洲往西航行，抵達亞洲，在亞洲傳教，將亞洲人都教化成基督徒後，再一起對抗伊斯蘭教徒。換言

之，將來亞洲的基督教勢力與歐洲的基督教勢力可望形成左右夾擊之勢，對付伊斯蘭教勢力。

以上兩項較崇高的目的，第一項是神聖的宗教目的，第二項是為了防衛整個基督教世界，可說是軍事目的。再加上最重要的凡俗目的——尋找亞洲的金銀財寶、香料胡椒，哥倫布的西航目的可說精神與物質兼備，神聖與凡俗俱全，無懈可擊。

但這個西航計畫須要龐大的財力與人力，絕非哥倫布個人所能負擔，他必須找一位君主來援助。一四八四年年底，哥倫布向葡萄牙國王約翰二世闡述他的西航計畫，請求援助，但約翰二世正忙著經營西非，因而拒絕了這個計畫，哥倫布只好將目標轉向葡萄牙鄰旁的西班牙。經過幾番波折，最後終於說服西班牙國王裴迪南和王后伊莎貝拉。

哥倫布的榮耀，原住民的厄運

一四九二年八月三日，哥倫布乘「聖瑪麗亞」號船，從西班牙的薩爾特斯啓航，隨行的有「平塔」號和「尼尼亞」號兩艘船。三艘船載了九十

特奧多爾·德·布賴的版畫，1565年。
哥倫布到達美洲的海地島，他首先豎起十字架，宣告耶穌的主權，也表明他出航的目的之一，就是尋找基督徒。

人，其中「聖瑪麗亞」號四十人，「尼尼亞」號二十四人，「平塔」號二十六人。九十人當中，只有二位義大利人，一位葡萄牙人，其他八十七人都是西班牙人。每艘船都各有一名醫生。所有的人都由西班牙皇室給付薪資。「聖瑪麗亞」號船備有二十門砲口十七公分，長一‧五公尺的擲彈砲及石彈，「平塔」號和「尼尼亞」號則備有稍為小型擲彈砲及鉛彈。個人的武器裝備則有刀、短刀、槍、火繩槍、弓，以及比一般弓射程更遠、殺傷力更大的十字弓。

八月十二日，三艘船先到加那利群島，補充水、食物，修護船隻，九月六日再出發西行。航行三十七天後，於十月十二日抵達巴哈馬群島的一個小島，一行人欣喜萬分。哥倫布將這個島命名為聖薩爾瓦多（San Salvador），意思是「聖救主」。

哥倫布一群人登陸聖薩爾瓦多之後，發現那兒住著文明遠較歐洲落後的原住民。那些原住民全身赤裸，沒穿衣服。他們沒見過武器，因此當一位原住民好奇地用手撫摸哥倫布的劍時，立刻被劍刃割傷了。他們不會用鐵，也沒見過鐵。他們使用的狩獵捕魚工具只是一隻長木槍，木槍的一端綁著尖銳的魚齒而已。

哥倫布發現雙方存在著極大的文明差距，他拿出歐洲人眼中價值極低廉的玻璃珠項鍊和鈴鐺遞給原住民，他們接過這從未見過的巧妙東西，滿心喜悅地把玩，甚

至願意用鸚鵡和木槍來交換。

看見原住民天真無邪的臉龐，哥倫布知道雙方的武力太過懸殊。十月十四日，也就是登陸後的第三天，哥倫布在日記上寫道：

如果兩位陛下（指共同治理西班牙的伊莎貝拉和裴迪南）下旨，我可以把他們全部都抓起來，送回西班牙，也可以把他們全都俘虜，放置在島上。因為我只須憑著五十名部下，就可以讓他們服從，讓他們做任何事。

在十二月三日的日記上，哥倫布如此寫道：

他們膽子很小，就算他們有一萬人，我們這邊只需十個人，也可以讓他們落荒而逃，而且他們的武器很簡陋，只是一隻棍棒，前端綁著一節燒焦後削尖的木片而已。

換句話說，在當時的情況下，白種人好比是一隻大雄獅，原住民則好像是一隻小綿羊，由於雙方力量太過懸殊，哥倫布知道白種人可以在這裡為所欲為，只要白種人把他們的先進武器──刀、槍、弓弩、十字弓、砲帶來，這兒的原住民全都是他們的掌中物，只要白種人

願意，原住民的男人可任憑他們奴役，女人則可任憑他們姦淫，反抗的人則會被殺戮。

　　事實上，哥倫布在接觸原住民後，就立刻在腦海裡浮現奴役原住民的構想。他在十月十二日的日記上寫道：「他們每個人都身材高挑，五官端正，外形健美……他們一定可以成為手腳靈巧的僕人。」

　　在十二月十六日的日記上，哥倫布更赤裸裸地寫道：

　　他們沒有武器，也不懂操作武器的技巧，他們非常膽小，即使他們有一千人，我們這邊只要有三人，他們也抵擋不了。因此，如果命令他們工作、播種，或做其他任何事，他們都會做得很好。

　　當哥倫布抵達美洲的那一刻起，千千萬萬個美洲原住民的命運已經被決定了。他們註定要失去自由，要被奴役、鞭打、姦淫、販賣，甚至要被屠殺、滅種。哥倫布的腦海裡會浮現奴役原住民的構想一點兒也不奇怪，這並不意味哥倫布的心思特別邪惡或個性格外殘暴，而是因為在歐洲，奴隸制度行之久遠，強者以武力征服弱者，奴役弱者，把弱者當奴隸賣來賣去，這都是稀鬆平常的事。

　　奴隸制度在歐洲的起源很早，《舊約聖經》中就有

很多地方提到奴隸。例如《出埃及記》第二十一章第二十節記載：「凡用棍子擊打奴隸，無論男奴女奴，以致奴隸立刻死亡的，必須受罰，如果奴隸過一兩天才死，主人就不必受罰，他在財產上的損失就是他的懲罰。」

《利未記》第二十五章第四十二節也說：

> 以色列人是上主的僕人，……他們不可再被出賣爲奴隸，……你若需要僕婢，可以向鄰國去買，你們可以買住在你們中間的外僑的兒女，和在你們土地上出生的家屬，這些人可以作你們的產業，你們可以把他們留給子孫，他們要終生服事你們的子孫，但是你們不可以虐待以色列同胞。

由此可見，在《舊約聖經》的時代，奴隸制度就已經存在，而且是被上帝所允許的。上帝所禁止的，只是不可任意虐待奴隸，以及不可把自己的同胞當奴隸。

這代表什麼意思呢？這代表所有信仰舊約聖經的猶太教徒與基督教徒都可以擁有奴隸、買賣奴隸，而不會受到旁人、社會或自己良心的指責。

在希臘、羅馬時代，奴隸在經濟、社會上，扮演著不可或缺的重要角色。連柏拉圖、亞里斯多德那樣的大思想家也擁有奴隸。到了中世紀時，基督教與伊斯蘭教對峙，雙方常有戰爭，被虜獲的人可能淪爲奴隸，也就

是基督徒有機會成爲伊斯蘭教徒的奴隸，伊斯蘭教徒有機會成爲基督徒的奴隸。

　　後來葡萄牙人沿著非洲西岸南下探險時，便順便捕捉或購買非洲黑人，運回葡萄牙銷售獲利。事實上，航海王子亨利的遺產中便包括十一名奴隸。而哥倫布年輕時，待在葡萄牙的那段期間，曾多次跟隨葡萄牙船到非洲西岸從事奴隸貿易，親眼目睹、親身經歷奴隸貿易。因此對奴隸貿易這檔事，他一點兒也不陌生。

　　因此，當哥倫布來到美洲，碰到文明遠較落後、武力遠較劣勢，而且個性如此柔順、膽子如此小的原住民時，自然浮現奴役對方的想法。

　　哥倫布如此，哥倫布的部下也是如此，而之後，跟著哥倫布的足跡，從歐洲橫越大西洋而來的其他白種人更是如此。哥倫布和他們相比，恐怕要仁慈得多，因爲其他白種人，不乏剛從監牢裡放出來的罪犯，或是在本國混不出什麼名堂而想到美洲一搏手氣的投機份子。他們怎可能比哥倫布更慈悲？更善待原住民？

　　美洲大陸北起北極，南至南極，總面積四二〇八萬平方公里，占世界陸地面積的百分之三十左右，是世界上最大的大陸。哥倫布發現這最大的大陸而不自知，還以爲到達的是亞洲的邊陲。直到他去世前，都一直這麼認爲。

　　在啓航之前，哥倫布認爲從加那利群島到日本只有

兩千四百海里，只要花四十天即可到達。而根據當時的
世界地圖，日本與加那利群島差不多在同一緯度，因此
花了三十七天抵達聖薩爾瓦多後，哥倫布認爲日本應該
就在附近。而且哥倫布知道必須找到黃金或香料，運回
西班牙，此趟的探險才算眞正成功，因此哥倫布立即全
力搜尋日本的所在，結果於十月二十八日到達古巴，十
二月五日，抵達埃斯帕諾拉（現在的海地與多明尼加所
在的島，意爲「西班牙島」）。不消說，哥倫布再怎麼努
力尋找，也找不到盛產黃金的日本或盛產胡椒香料的印
度和東南亞。

在埃斯帕諾拉待了一個月後，一四九三年一月四
日，哥倫布留下三十九位部下在島上，然後強迫十至十
二名原住民跟他一起回西班牙。這些原住民由於無法適
應長期航海的勞頓，有半數左右在途中死亡，只有六名
原住民抵達西班牙。這幾位被迫離家背井來到西班牙的
美洲原住民，後來下場如何呢？據說，由於西班牙人從
未見過這樣的人種，覺得很新鮮，這些原住民因而成了
某些西班牙貴族床上的玩物。但這些西班牙貴族卻遭到
了報應，因爲他們不久就染上了歐洲從未出現過，但卻
長久存在於美洲的梅毒。

換言之，哥倫布在不知不覺中，把梅毒從美洲帶到
歐洲。

哥倫布為何把美洲原住民帶回西班牙？

　　因為他必須給出錢援助他探險的西班牙皇室一個交待。西班牙皇室對哥倫布最大的期待，自然是如哥倫布向他們所說的，能從西班牙往西直航抵達盛產黃金與胡椒香料的亞洲。如果哥倫布能夠帶著黃金與胡椒香料返回西班牙，就證明哥倫布的這趟探險百分之百成功，西班牙皇室的投資值回票價。可是，事與願違，哥倫布無法帶回黃金與胡椒香料。空手而回總是很難交待，因此，哥倫布必須退而求其次，帶回原住民。原住民雖然比不上黃金與胡椒香料來得有價值，但也是一種能夠賣錢的商品。

　　帶回原住民，一來可以證明往西行的確可以抵達陸地（雖然這個陸地身份未明，究竟是亞洲邊陲的一部份？還是另外的地方？），二來也可以證明往西航行具有最起碼的投資價值。

西班牙和葡萄牙「瓜分」地球

　　一四九三年三月十五日，哥倫布一行人返回西班牙，受到英雄式的歡迎。西班牙與葡萄牙為相鄰的兩國，而且又同是歐洲各國中的兩大「探險先進國」，競爭意識濃厚。因此哥倫布西航成功後，西班牙怕葡萄牙

Chapter 5
大航海時代

171

會來分一杯羹，便一方面趕緊籌備第二次航海，一方面向歐洲基督教世界（西班牙與葡萄牙都是基督教國家）的大家長羅馬教宗要求承認西班牙在美洲所發現的土地全歸西班牙所有，以位於葡萄牙西方大西洋上的亞速爾群島為界，從亞速爾群島向西延伸至五百六十公里的經線範圍內，都屬於西班牙的土地。西班牙的這項要求獲得了教宗的同意。但葡萄牙卻不同意這樣的劃分法。

　　經過一番討價還價，一四九四年，兩國代表在西班牙的托迪拉斯（Tordillas）簽訂托迪拉斯條約，並獲得教宗的承認。根據這個條約，以大西洋上的西經四十六度三十七分為界線，界線以東所發現的新土地歸葡萄牙所有，界線以西所發現的新土地歸西班牙所有。

這張十五世紀的羅盤海圖記錄了分割世界的線。1494 年的托迪拉斯條約，畫下了一條將世界一分為二的界線，中線以西屬西班牙，以東屬葡萄牙。

這真是個奇妙的條約，當時世界上還有很多未知的地區和住民尚未被歐洲發現。那些地區究竟是什麼樣的地方，住著什麼樣的人，歐洲完全不知道。然而這兩個國家就拿一隻筆、一把尺，在地圖上劃一條垂直線，說：從今以後，這條線以東的已發現或未發現土地都屬於你，這條線以西的已發現或未發現土地都屬於我。這就好比在太空探險上取得領先的美國和俄國私下簽訂條約，劃定太陽系的某幾個行星屬於美國，某幾個行星屬於俄國，太陽系外的哪幾些星系屬於美國，哪幾些星系屬於俄國，其他任何國家都不得染指。這種既狂妄自大又荒謬可笑的條約經得起時間的考驗嗎？當然經不起考驗。最後，這個條約的下場就是被丟棄到歷史的垃圾堆中。

葡萄牙開闢新航路的成功與西班牙發現美洲，揭開了世界爭霸戰的序幕。葡萄牙在亞洲與西班牙在美洲所遇到的國家或住民，武力都比歐洲弱小，因此葡萄牙與西班牙得以控制他們的產業，剝奪他們的土地，壓榨他們的勞力，以豐厚自己的荷包。然而，這麼美味的大餅沒多久就引來其他歐洲國家的爭食，就好像一群食人魚聞到血腥的味道，爭先恐後地撲向獵物一樣。托迪拉斯條約怎麼抵擋得住這股強者爭食弱者的狂潮？

不過，巴西卻因為這個條約而成為葡萄牙的殖民地。因為巴西大致位於那條分割線以東。時至今日，大

部份的南美洲國家都以西班牙語為主要語言，而巴西卻一枝獨秀以葡萄牙語為國語，就是肇因於托迪拉斯條約所劃的那條分割線。

展開殖民剝削的競賽

一四九三年九月二十五日，哥倫布率領十七艘船從西班牙啟程，展開他的第二次西航（1493-1496），船員、士兵、殖民者共一五○○人。這次航行的目的為：

一、在已發現的土地上殖民。
二、讓原住民信仰基督教。
三、確立西班牙在當地的統治權。
四、繼續尋找日本與中國。

十一月三日，一行人抵達加勒比海東邊的多米尼克島。十一月二十二日，抵達埃斯帕諾拉島。十個月前，當哥倫布啟程返回西班牙時，在埃斯帕諾拉島上留下三十九人，現在卻發現留在島上的三十九人全都被原住民殺害。原來，哥倫布走了之後，留在島上的西班牙人向原住民要求黃金、女人與食物，原住民忍無可忍，雙方爆發衝突，最後西班牙人不知是太輕敵，還是寡不敵眾，全遭到殺害。

哥倫布對島上的原住民展開無情的武力鎮壓。之

後，哥倫布開始剝削原住民，命令他們納貢，每個住在金礦附近的原住民每三個月必須繳交二分之一盎司的金，其他地方的原住民則必須繳交二十五磅的棉花，否則處死。可憐的美洲原住民，哥倫布還沒「發現」他們之前，他們過著自由自在的生活，被「發現」之後，兇神惡煞般的白種人開始逼迫他們做這個、做那個，就像跌入了叫天天不應的悲慘地獄。膽敢反抗的原住民全遭到殺戮，有些繳不出貢納的原住民被逼得沒辦法，只好逃到深山，或服毒自殺，剩下的原住民當然只有向命運低頭，拼命工作以滿足西班牙人永無止盡的貪慾。

「我不去有西班牙人的天堂」

　　埃斯帕諾拉島的一位原住民酋長因為反抗被捕，被哥倫布判處焚刑。執刑之前，西班牙的傳教士勸他悔改，因為這樣他的靈魂才能得到救贖，並得以在死後進天堂。那位酋長問傳教士：「天堂是什麼樣的地方？那裡有西班牙人嗎？」傳教士回答：「有。很多善良的西班牙人死後都到那兒。」酋長想了一下，堅定地說：「我不去天堂。只要有西班牙人在的地方，我都不想去！」

　　一四九五年二月二十四日，哥倫布派遣部下，把膽敢反抗的五百名原住民運送回西班牙。因為與其將他們

這幅畫描述西班牙人強
迫南美洲原住民協助遠
征隊伍的情景,為席爾
多·德布萊於十六世紀
所繪製的版畫。

處死,倒不如運回西班牙當奴隸賣較爲
划算。同年八月,哥倫布又派遣船隊將
另外的五百名原住民運回西班牙。對歐
洲白種人而言,哥倫布是史上最偉大的
航海探險家,但是對美洲原住民而言,
哥倫布卻是安寧生活的毀滅者,地獄來
的惡靈!

　　一四九六年三月十日,哥倫布帶著
三十名原住民奴隸,啓程回西班牙。沒
有找到日本、印度、中國,沒有找到
《馬可波羅遊記》中的世界,哥倫布是
不甘心的,因此他於一四九八年,展開三次西航,再於
一五○二年展開四次西航──也是他最後一次的西航。

　　一五○六年哥倫布去世,死前他還深信他發現的土
地位於亞洲的邊陲。

墨西哥王國與印加帝國的消失

　　從一四九二年到一五一一年,西班牙人把加勒比海
上的各個島嶼一一佔領。

　　西班牙人在佔領這些土地的一連串過程中,最值得
一提的是墨西哥與秘魯的佔領。

年份(西元)	佔領地區
1492-1511	加勒比海上的各個島嶼
1519	墨西哥、巴拿馬、哥斯大黎加
1522	尼加拉瓜
1523	瓜地馬拉
1524	宏都拉斯
1525	厄瓜多爾
1526	秘魯
1527	委內瑞拉
1528	佛羅里達半島

　　一五一七年，一群西班牙人為了尋找新的奴隸來源，從古巴出發，往西航行。二十一天後，他們抵達墨西哥的尤加敦（Yucatan）半島北端時，發現成群的聚落與神殿。他們嚇了一跳，因為這兒穿著棉衣的原住民顯然比古巴島上赤身裸體的原住民要先進得多。他們發現了一個新文明。

　　一五一九年，古巴總督派遣哥耳狄斯（Hernan Cortes, 1485-1547）率領五百多名士兵和一百名船員，帶著十四門砲、十六頭馬，乘著十一艘船，入侵墨西哥，俘虜了阿斯底加墨西哥王國的國王。

　　憑著五百多名士兵就可以征服一個國家，這實在離

177

譜，不過還有更離譜的。那就是西班牙人皮薩洛（Francisco Pizarro, 1470-1541）只率領一百八十名士兵就征服了秘魯的印加帝國。皮薩洛是墨西哥征服者哥耳狄斯的遠房親戚，他在入侵印加帝國之前，曾向前輩哥耳狄斯請教征服的訣竅。哥耳狄斯告訴他：「擒賊先擒王。」

一五三一年，皮薩洛率領一百八十名士兵、三十七匹馬，乘坐三艘船，入侵人口一千萬以上的秘魯印加帝國。一行人沿路搶劫，於一五三二年十一月十五日，抵達卡哈馬卡。印加國王阿塔瓦爾帕（Atahualpa, ?-1533）的行宮已近在咫尺。皮薩洛派人到印加國王阿塔瓦爾帕處，邀請阿塔瓦爾帕到自己的陣營一敘。阿塔瓦爾帕不知這是皮薩洛設好的陷阱，一口就答應了。

第二天，印加國王阿塔瓦爾帕坐著華麗的轎子，率領五、六千位侍從，浩浩蕩蕩地來到西班牙人的陣營。皮薩洛則一早就在陣營的四周佈下伏兵。

阿塔瓦爾帕下轎之後，四周望了望，問：「西班牙人在哪裡？」此時，皮薩洛的隨軍傳教士維森特（Vicente）一手拿著聖經，一手握著十字架，走向阿塔瓦爾帕，說，西班牙人之所以從遙遠的地方來到這個國家的目的，是要來宣揚基督的教義。接著，維森特盡量用淺顯易懂的用語，向印加國王說明神秘的三位一體說，以及上帝如何創造人類，後來人類如何墮落，耶穌

基督如何為了替人類贖罪而被釘上十字架後升天，救世主如何把地上的代理權託付給使徒彼得，彼得的代理權如何世世代代地傳給賢能的後繼者——也就是教宗，歷代的教宗如何統治地上所有的君主，最近即位的教宗如何委託全世界最強大的君主西班牙皇帝，請他征服西半球的原住民並讓他們改信基督教，皇帝的將軍皮薩洛便是奉此重要的使命而來到這裡。維森特最後又說，希望印加國王能拋棄自己錯誤的信仰，改信唯一可以得到救贖的基督教，並且向神聖羅馬帝國皇帝兼西班牙王的查理五世稱臣、貢納，並接受皇帝的保護與援助。

印加國王阿塔瓦爾帕覺得受到了嚴重的侮辱，因為從來沒有人敢要求他放棄自己的宗教，而且還要向對方稱臣。阿塔瓦爾帕對維森特說：「我不會向任何人貢納。我比地上任何的君主都偉大。……依你剛才所說，你們的神被祂所創造的人所殺，可是我的神（此時，他用手指著天上的太陽）卻仍然在天上大放光芒，護佑子孫。」

印加國王阿塔瓦爾帕並質問維森特，他剛才說的那番話有何證據。維森特指著手上的《聖經》，說：「這就是證據。」阿塔瓦爾帕把聖經拿過來，翻了翻，丟在地上。他用這個動作充份表達了他的忿怒。皮薩洛當然不會放過這個侮辱基督教的動作，他一聲令下，埋伏在四周的西班牙的士兵立刻對阿塔瓦爾帕五、六千位手無

寸鐵的侍從展開毫不留情的攻擊。由於事出突然，加上阿塔瓦爾帕這邊以為只是赴宴，沒攜帶任何武器，因此戰況呈一面倒之勢，阿塔瓦爾帕帶來的侍從幾乎全被殺戮。阿塔瓦爾帕則成了皮薩洛的階下囚。

　　阿塔瓦爾帕漸漸察覺西班牙人入侵秘魯的目的是為了黃金。一天，阿塔瓦爾帕告訴皮薩洛，如果皮薩洛放他走，他願意送給西班牙人足以堆滿這個囚房的黃金，他一面說，一面貼著牆壁舉起手，表示黃金可以堆到這麼高。皮薩洛眼睛一亮，立刻拿了一隻紅筆在阿塔瓦爾帕手指碰觸到的牆壁高度畫一條線。那房間長約五點二公尺，寬約六點七公尺，從地上到畫紅線處的高度約二百七十公分。也就是說阿塔瓦爾帕答應提供的黃金可塞滿這麼大的空間。此外，阿塔瓦爾帕還答應提供足以堆滿隔壁兩個小房間的銀製品。皮薩洛當然立刻點頭。

西班牙軍隊的船艦、盔甲和武器，震懾墨西哥原住民，雖然西班牙人數遠少於原住民，依然順利征服墨西哥，並且逐漸摧毀阿茲提克文明。

雙方都同意這個贖款的金額之後，印加國王阿塔瓦爾帕派人到全國各地的宮殿、寺廟以及公共建築物，拆下所有的金銀裝飾品，送到卡哈馬卡。這些堆積如山的金銀裝飾品中，有很多是製造精巧的人類文明瑰寶，可是西班牙人為了便於分贓與運送，找來一位當地專門打造金飾的工匠，命令他將所有的金銀工藝品全都熔解，改鑄成相同尺寸的金條與銀條。印加帝國的歷代工匠費盡心思打造的藝術品就這樣一件件被熔化。

西班牙人的卑劣行徑不只此。當印加國王阿塔瓦爾帕依照約定把贖款都湊齊後，皮薩洛卻不放人，因為他怕阿塔瓦爾帕獲得自由後，會重聚人馬，對西班牙人展開報復攻擊。

皮薩洛覺得無緣無由地殺害印加國王阿塔瓦爾帕，恐怕會引起印加人民的公憤，因此便設置一個臨時法庭，來審判阿塔瓦爾帕，並為被告設一位辯護律師。檢察官對阿塔瓦爾帕起訴的罪名有十二項。其中包括浪費公帑，崇拜偶像，實行多妻等。

真是可笑，自己侵入別人的國土，大量屠殺手無寸

南美洲垂敲製作的金飾藝品。垂敲是工匠製造金器的高度技巧之一，利用敲打的方式在金片上做出花紋，但是許多精美的金飾和技術，都隨著歐洲人的殖民事業銷聲匿跡。

鐵的人民，掠奪堆積如山的金銀，撕毀已經承諾的約定，這些都無罪，卻大言不慚地指控別人括浪費公帑，崇拜偶像，實行多妻。就算這些罪名在西班牙成立，在文化、風俗完全不同的印加帝國可不一定成立呀。這根本是西班牙人爲了除掉阿塔瓦爾帕而七拼八湊的罪名。

審判的結果當然是有罪，死刑。一五三三年八月二十九日，西班牙人處死印加國王阿塔瓦爾帕。死前，阿塔瓦爾帕答應改信基督教。因爲西班牙的隨軍傳教士維森特告訴他，他會被燒死，這樣的死法慢而痛苦，如果他拋棄不好的信仰，改信基督教，就可以被處絞刑，這樣的死法較快且較不痛苦。

美洲金銀大量流入歐洲

一五四五年，西班牙人在征服秘魯時，意外地在玻利維亞的波托西（Potosi）發現銀礦。這個銀礦的產量非常豐富，每年產出三千公斤的銀，整個美洲大陸所產出的銀有三分之一是在這兒挖掘的，這個銀礦成爲當時全世界最大的銀產地。一五四六至四八年，西班牙人又在墨西哥發現兩處豐富的銀礦。墨西哥的銀礦加入生產後，整個美洲的銀年產量成了整個歐洲的四倍，而且由於勞工成本非常低廉，美洲銀礦的生產成本只有歐洲的三分之一。除了銀礦之外，西班牙在宏都拉斯和尼加拉瓜等地也發現砂金。

就這樣，滿載著金、銀的西班牙商船一艘艘地從美洲駛向西班牙。從一五〇三年到一六六〇年，至少有一百八十一噸的金與一萬七千噸的銀從美洲運到西班牙。西班牙成為全世界最富有的國家。

哥倫布西航的最主要目的是為了要尋找亞洲的財寶，然而一直到他死之前，都沒有達到這個目的，他應該是帶著遺憾離開人世。可是哥倫布萬萬沒想到他所發現的土地雖然不是他朝思暮想的亞洲，其蘊藏的財寶卻一點兒也不輸給亞洲。只是這些財寶要等他死之後，才一一現身。開創者付出的心血，最後雖然凝聚成驚人的成果，但是這些成果全被跟隨他腳步的後繼者接收了。哥倫布若知道這點，遺憾會不會倍增呢？

美洲金銀的大量流入，當然讓西班牙皇室笑得合不攏嘴，可是這些太容易就獲得的財富反而對西班牙製造業的發展不利。由於金銀的大量流入，造成了快速的通貨膨脹，物價上漲，工資也跟著上漲，外國商品變得比西班牙商品便宜得多，競爭力也強得多，外國商品因而逐漸佔領西班牙市場，讓西班牙的製造業每況愈下。但是西班牙的統治者對這個現象似乎不太在意，他們眼中看到的只是不斷從美洲運來的黃澄澄、雪花花的金銀。到了十六世紀末期，無論是西班牙國內需要的商品，或美洲殖民地需要的商品，其中的百分之八十都是從荷蘭、英國、法國進口。結果，西班牙在美洲獲得的金和

銀最後都流到這些國家。西班牙只是這些金銀的過路財神而已。

美洲金銀的流入，一方面讓西班牙的製造業沒落，促使西班牙國力衰退，一方面卻又讓荷、英、法等國的製造業興盛，促使這些國家國力增強。哥倫布若知道他所造成的後續影響如此奇妙，恐怕會哭笑不得吧！

美洲原住民的滅絕

一四九九年，西班牙王室以哥倫布失政為由，將西印度改成王室的直營地。新總督於一五○二年赴任之後，改變經營策略，不再尋找黃金，而是利用原住民的勞力，專心於農業經營。

但是，美洲的原住民因為被西班牙人大量殺戮，以及被過度奴役而過勞死，加上歐洲人所帶來的各種傳染病，像天花、麻疹、傷寒、白喉等，這些傳染病的病菌在歐洲已存在很久，大部份白人都擁有免疫力，但美洲的原住民卻從未接觸這些病菌，一被傳染，死亡率極高。這些因素加起來，造成原住民的人口急速減少。

卡薩斯（las Casas, 1474-1566）是一位有良心的西班牙傳教士，一五○二年，二十八歲時，他前往美洲，在那兒目睹西班牙人奴役、虐待原住民的情形，後來，他著書揭露西班牙人在美洲的暴行。根據卡薩斯的說法，由於西班牙人的殘虐行為而死亡的原住民多達一千

五百萬人。這個數字遠比希特勒在二次大戰期間屠殺六百萬猶太人還要多得多。

> 埃斯帕諾拉島在一四九二年哥倫布登陸之前，估計大約有二十萬至三十萬原住民，到了一五○八年，剩下六萬人，到了一五一四年，剩下一萬四千人，到了一五四八年，純種的原住民只剩下五百人，幾乎滅絕。
>
> 這不只是埃斯帕諾拉島如此，所有被西方人佔領的地方，無不發生這種原住民逐漸滅絕的現象。而根據歷史學家的估計，哥倫布發現「新大陸」後的一個世紀間，整個美洲的原住民人口巨幅減少了百分之九十。

非洲奴隸圖。十九世紀英國探險家李文斯敦繪。

非洲人淪為黑奴

由於美洲原住民的人口愈來愈少，征服者找不到勞力為他們工作，只好轉而從非洲西海岸進口黑人奴隸。

在非洲西岸塞內加爾首都達卡的近海（從陸地乘船約二十分鐘），有一個島叫葛雷島。以前大多數的奴隸就是在這兒集中後，運到南北美洲及加勒比海。為什麼這裡成了奴隸的集中地呢？因為這裡是非洲

離南北美洲及加勒比海最近的地方，而且季節風與海流都經過葛雷島附近。到十八世紀爲止是帆船時代，帆船全靠季節風與海流行駛。

當時，非洲的西海岸是在葡萄牙人的掌控下。葡萄牙人於一四四一年的航海，首度帶回非洲黑人。由於每次航海所需投入的金額不小，販賣奴隸可以挹注航海所需的開支，因此此後到非洲航海的葡萄牙人便競相帶非洲黑人回葡萄牙販賣。到一四四八年爲止，有九百二十七名非洲黑人被抓到葡萄牙。

一五一五年，里斯本的居民爲十萬人，而奴隸將近一萬人，平均每十位市民擁有一名奴隸。葡萄牙人認爲奴隸沒有人格，因此他們在計算奴隸的數量時，使用的單位不是「人」，而是「頭」或「匹」。換言之，在葡萄牙人眼中，奴隸和一般的家畜沒什麼兩樣。

葡萄牙人所獲得的奴隸當中，有八成左右是向非洲的酋長買的。在非洲，奴隸制度存在已久，非洲的種族與種族之間常常打來打去，勝利者就把俘虜被當成奴隸賣給葡萄牙的奴隸商人。奴隸商人則將葡萄牙運來的武器彈藥、酒、衣物、鏡子、生活必需品等賣給酋長。酋長一拿到武器彈藥，就趕緊去獵捕其他部落和他同樣膚色的人。

由於美洲殖民地缺乏勞動力，自一五一七年開始，非洲黑人奴隸開始被大量銷往美洲。奴隸商人在非洲西

岸買到奴隸後，先把自己名字的第一個字母烙印在奴隸的肩、胸、臀部，然後把奴隸趕到船艙內，運往美洲殖民地。為了盡可能運載更多的奴隸，已經夠狹窄的船艙還用木板釘成上下兩層，讓奴隸像沙丁魚一樣，緊緊並排，躺在木板上。而且每個奴隸都被腳鐐鎖住。船艙內的空氣本來就污濁，加上航行途中難以避免的嘔吐物，船艙內的衛生條件之差是可以想像的。因此對一些抵抗力稍差的奴隸來說，這段航海根本就是死亡之旅，他們在抵達美洲之前，就已經斷氣而被丟入大西洋。

歐洲人販奴的經濟動機

　　附帶一提的是，葡萄牙人循新航路抵達印度和東南亞後，並不太熱衷於捕捉當地的人當奴隸帶回葡萄牙。這倒不是因為他們對亞洲人特別仁慈，而是因為船艙的空間有限，與其載人，倒不如載香辛料，利潤較大。

　　由於奴隸貿易利潤高，引起其他西方國家的注意，荷蘭於一六二一年設立西印度公司，介入非洲奴隸貿易，瑞典、丹麥、英國、法國後來也相繼介入。

　　運到美洲的黑人奴隸當中，恐怕以運到葡萄牙殖民地巴西的黑人奴隸最為悲慘。到一八五〇年為止，有三

百六十萬名非洲黑人被送到巴西。巴西離非洲西岸很近，因此從西非運送奴隸到巴西的運費遠比運送到西印度群島便宜。運費便宜，奴隸的價格當然也跟著便宜。這對奴隸主人而言是好事，對奴隸而言卻更添痛苦。因為奴隸價格便宜，只要讓奴隸工作二、三年，即可還本，因此奴隸主人不會很珍惜奴隸的生命與健康，奴隸因而處在過度勞動與生活條件極差的環境中。他們每年以百分之五至百分之十的比率死亡，耐用年數只有十至二十年，換言之，年輕力壯的奴隸到了巴西後，只有十至二十年的壽命。

更慘的是，這些奴隸無法結婚成家。因為奴隸主人認為小孩從出生後，長大到能夠工作，起碼得花十年以上的時間，太不划算，因而不願讓奴隸成家生子。於是這些奴隸從非洲被賣到巴西後，每天只有工作、工作、工作，沒有配偶，沒有家庭，沒有後代，沒有希望，沒有未來。他們比人類所豢養的家畜還不如，因為家畜還有配偶與後代。

販奴造成民族大遷徙

從一五一八年到一八六五年，在這大約三百五十年之間，至少有一千五百萬非洲黑人被賣到美洲。其中，十六世紀九十萬人，十七世紀二百七十五萬人，十八世紀七百萬人，十九世紀四百萬人。這是「活著」被運送

十九世紀初的黑奴販
子。

到美洲的人數。在運送途中死掉的黑人比活著抵達的還
要多，估計有五千萬至六千萬人黑人死於運送途中。

　　白種人一方面把上千萬的美洲原住民殺戮、奴役到
幾近絕種，一方面又把上千萬的非洲黑人運到美洲當奴
隸。換句話說，白種人一邊把上千萬的美洲原住民從美
洲移到陰間，一邊又把上千萬的黑人從非洲移到美洲，
填補原住民留下的空間。這真是一場史上最大規模的民
族移動。

　　一千五百萬黑人被迫離開家鄉，橫越大西洋，移居

美洲。黑人的生命力似乎比美洲原住民還強，不，應該說生命力弱的非洲黑人在橫越大西洋途中已被淘汰，抵達美洲生命力強的黑人多數得以在新環境中活了下來，甚至有機會繁衍子孫——如果他的主人允許。

到了十九世紀，由於人權觀念逐漸抬頭，歐洲各國相繼廢止奴隸貿易，丹麥於一八〇三年，英國、美國於一八〇七年，瑞典於一八一三年，荷蘭、西班牙於一八一七年，法國於一八一八年年廢止奴隸貿易。至於奴隸制度，英國於一八三三年，瑞典於一八四六年，法國於一八四八年，荷蘭於一八六三年廢止。

時至今日，我們攤開中美洲各國的人口統計資料時，可以發現很多地方根本找不到原住民的蹤影，而是由黑人當家。例如，巴哈馬的黑人佔全國人口百分之八十五。牙買加的黑人佔全國人口百分之七十七。海地的黑人佔全國人口百分之九十五。這些地方在哥倫布還沒出現前，它們的主人是美洲原住民，現在，它們的主人卻是來自大西洋那頭非洲黑人的後裔。這個奇特的現象完全是因為白種人為了自己的私利，無意間造成的。對這樣的結果，非洲黑人的後裔或許沒有異議，畢竟他們擁有別人留下來的土地，但是誰來為那些消失的美洲原住民討公道呢？

英國爭食西班牙的殖民貿易大餅

　　西班牙不僅想獨佔美洲的黃金，而且想獨佔本國與美洲之間的商業利益。例如，美洲的殖民者需要食物、家畜、生活用品與武器，西班牙就是唯一的販賣者，美洲的物產要運到歐洲販賣時，西班牙也是唯一的搬運者與販賣者。換言之，西班牙認爲美洲是他們「發現」的，所以一切的利益歸他們所有，其他歐洲國家別想來分一杯羹。西班牙禁止其他國家的人進入美洲，船員的採用也限定西班牙人。

　　這是西班牙的如意算盤。可是美洲這塊餅實在太大、太誘人了，怎麼擋得住荷蘭、英國、法國這些國家的覬覦呢？這些國家和西班牙一樣，也是鄰近大西洋，也同樣善於航海。他們只要駛著船往西航行，三十來天就可以抵達美洲。而且西班牙的國力與人手都不足，無法完全提供美洲殖民者所須要的物質，以及搬運這些物質所須要的船隻與船員。由於西班牙沒有能力提供足夠的物質給美洲殖民者，卻又不讓其他國家的人進入美洲提供不夠的物質，以至於美洲的殖民者必須以高價購買所需物質。這些殖民者對此很不滿，卻不得不忍受。

　　於是，開始有一群荷蘭、英國、法國的冒險家無視西班牙與葡萄牙的分割線，侵入西班牙的勢力範圍，瞞著西班牙的官兵，以走私的方式，用較合理的價格，對

西班牙的殖民者提供所需物貿。他們立即受到殖民者的
歡迎。

海盜與冒險家

荷蘭、英國、法國的冒險家在美洲從事的不只
是商業行為，他們一有機會，也會化身為海盜，搶
劫西班牙的商船或倉庫，甚至登上西班牙較不注意
的島嶼，佔領土地。荷蘭、英國與法國政府對這些
冒險家的海盜行為不僅不阻止，而且還或明或暗地
獎勵。因為這些冒險家打擊了西班牙在美洲的勢
力，成為荷蘭、英國與法國切入美洲，向西班牙分
一杯羹的先鋒部隊。

英國人霍金斯（Sir John Hawkyns, 1532-1595）是
爭食美洲大餅的先鋒。他首先於一五六二年打破葡萄牙
的獨佔，在非洲西海岸購買三百名黑人奴隸，運到美洲
的西班牙殖民地販賣。由於霍金斯所販賣的奴隸價格比
葡萄牙奴隸商人的販賣價格低得多，因而受到西班牙殖
民者的歡迎。霍金斯因而獲得鉅額利潤，成為他的家鄉
普利茅斯首屈一指的富豪。霍金斯第二次出航到西非
時，英國女王伊麗莎白身邊的朝臣與倫敦的巨商還出
資。第三次出航時，英國女王甚至借給他兩艘軍艦，作
為現物出資，換言之，連英國女王也成了股東。

然而，對葡萄牙和西班牙而言，非洲西岸與美洲是他們「發現」的，是他們開拓的，怎能允許第三者介入，分一杯羹呢？

　　一五六七年，霍金斯第三次出航，又成功地賺了一票，可是卻在回航時，遭到西班牙艦隊的襲擊。載滿財貨的女王軍艦，以及其他三艘船被西班牙捕獲，只有霍金斯與他的親戚德雷克（Sir Francis Drake, 1545-1596）所率領的兩艘船勉強逃回英國，英國全國上下對西班牙的這種攻擊行為非常憤慨，女王下令沒收西班牙人在英國境內的所有財產作為報復。

　　西班牙聞訊後，也採取同樣的報復措施，此後數年，兩國之間，你報復來，我報復去，關係愈來愈惡劣。霍金斯受到女王重用，擔任海軍的出納長官，並於此後的十年間，負責整建王室海軍，以備來日與世界第一強國西班牙決一死戰。另一方面，當時才二十二歲的德雷克經過這個事件後，對西班牙恨之入骨，發誓要投入一生的時光，向西班牙奪回失去的財貨。

　　德雷克在一五七○、七一年兩度前往西印度收集情報，從這些情報，他得知西班牙在秘魯與智利所挖掘到的銀以及其他財寶是在太平洋岸的利瑪與法耳巴拉索裝船，運到巴拿馬，卸貨後，以驢子橫越巴拿馬地峽，運到加勒比海岸，然後再裝船運回西班牙。德雷克研判這條輸送路線中最弱的一環是在巴拿馬地峽。

德雷克是英國海軍軍官，既是英國對外探險的先驅，同時又具有商人、黑奴販子和海盜的身分。

　　一五七二年，德雷克率領兩艘船和七十三名壯漢，從英國的普利茅斯港出發，前往巴拿馬地峽，搶劫西班牙的運送隊。這個搶劫行動很成功，德雷克獲得兩萬英鎊的戰利品。一五七三年，一行人歸抵英國普利茅斯港，受到全體市民的熱烈歡迎。

　　一五七七年，德雷克在女王的默許下，率領五艘船，從普利茅斯港出發，經過麥哲倫海峽（這海峽是葡萄牙人麥哲倫於一五一九年發現的），進入太平洋。由於暴風雨之故，沿途損失了三艘船，只剩兩艘，而且德雷克率領的船還與另一艘船失去聯絡。儘管如此，德雷克此趟收穫卻非常驚人。他在南美的利瑪大肆搶劫，把十幾艘西班牙商船上的財寶全都搬到自己的船上。由於財寶太多、太重，船身吃水極深，似乎隨時會沉沒。

　　回航時，德雷克本來打算再經過麥哲倫海峽，但此時英國海盜德雷克的名字已經傳遍整個美洲殖民地，德雷克獲得一項情報：西班牙艦隊已經在麥哲倫海峽埋伏，就等著德雷克自投羅網。德雷克只好向西航行，橫越太平洋、印度洋，回到英國，環繞了世界一周。

　　一五八〇年十一月，德雷克率領著船身被堆積如山的財寶壓得傾斜的船隻，回到英國普利茅斯港，受到普利茅斯市全體市民的熱烈歡迎。因為德雷克不僅掠奪了西班牙國王的巨大財富，而且還完成了人類歷史上第二個環繞世界一周的偉業（第一個當然是葡萄牙人麥哲

倫，不過麥哲倫在環繞世界的途中就去世）。這回遠征的戰利品爲六○萬英鎊。與這回的航海費用總額五千英鎊比較起來，利潤驚人。每位出資的股東，包括英國女王在內，都可獲得百分之四千七百的股利。換言之，每出一英鎊資金，就可獲得四十七英鎊的報酬！天底下還有比這更吸引人的投資嗎？

德雷克的成功鼓舞了英國西南部的年輕人，「向西行！向西行！」（Westward ho！）成爲他們的口號，他們前仆後繼地出海西航，奔向美洲。這對西班牙而言，當然是一種難以忍受的挑釁，她必須找個機會狠狠打擊英國才行。

Chapter 6. *1700 ～ 1800*
英國的興起

英國全力發展軍需工業與海軍

在一五六○年代之前，英國有很多國防所需的器材與物質無法自己生產，必須向歐陸購買，尤其是向當時隸屬於西班牙的安特衛普（Antwerp，位於現在的比利時）購買。

英國自認是個孤懸在歐陸西邊的島國，一旦英國與其他國家發生戰爭，一旦這些器材與物質的來源管道被阻斷，英國的作戰能力豈不嚴重受挫？尤其如果英國和

無敵艦隊的潰敗。油畫，約 1 6 6 0 年。1588 年，無敵艦隊被英國人以火攻擊敗，同時狂風大作，西班牙船艦被暴風雨捲走，大多在蘇格蘭和愛爾蘭觸礁沉沒。

196

西班牙發生戰爭，怎能奢望再從安特衛普獲得所需的軍需品？因此，爲了未雨綢繆，英國必須及早建立軍需工業，以便在國防上自給自足。

礦業、冶金工業與金屬工業是軍需工業的基礎。因此，英國政府於一五六〇年代從日耳曼引進資本與技術，成立了兩家特許公司，一家從事銅礦的挖掘與精鍊，另一家從事鐵礦的挖掘、精鍊以及鐵線的製造。銅和鐵是製造槍和砲的材料，因此這兩家公司的成立可說奠定了英國軍需工業的基礎。到了伊麗莎白女王晚年，英國生產的大砲已經大量出口到歐陸，因爲英國的大砲不但品質好，而且價格低廉。英國派遣到歐陸的士兵經常抱怨他們被自己國家製造的大砲與砲彈打到。

軍需工業中，最重要的莫過於火藥的製造。英國政府於一五六〇年代授給喬治·伊夫林及其兒子製造硝石與火藥的專利，後來又賦予倫敦商人理查·哈定製造火藥的特權。伊夫林家在倫敦南部設立了數座火藥工廠，哈定家則倫敦西部設立火藥工

英國軍艦。圖中英國的船艦裝載著衆多且精良的大砲，顯示英國在新式海戰中的優勢。

廠。在英國政府的保護下，這兩家都賺了大錢。

　　這個時代，海戰的戰術逐漸顯現新的風貌。傳統的海戰戰術和陸戰沒有太大差異，亦即當雙方船隻接近到某個距離時，先發射弓箭，盡可能射死對方船艦的士兵，以減少對方戰力，然後用長鉤將對方船艦鉤近，一旦兩船貼近，士兵立刻跳進對方的船艦，開始近身戰鬥。

　　新時代的海戰戰術則因為採用舷側砲——從船腹伸出的一排大砲，而有極大的轉變。船艦成了會移動的海上砲台。指揮官考慮的是如何靈活操縱船艦，讓船艦就最佳的砲擊方位，然後用舷側砲在最快的時間內擊毀對方的船隻。所以傳統的海戰要求的是戰鬥力強的士兵，而新時代的海戰要求的則是行動靈活的船艦、訓練有素的船員和性能優越的大砲。

　　一五七八年，英國女王伊麗莎白把海軍船艦的建造任務交給霍金斯。這是個正確的選擇。霍金斯曾親自率船入侵葡萄牙與西班牙的勢力範圍，往返非洲與美洲之間，與西班牙有數次交手的經驗。整個英國，就屬他與德雷克最了解新時代的海戰。霍金斯知道新時代的海戰應該要有什麼樣的軍艦。他為女王建造了船身較狹長，高度較低，操縱較容易，以及裝載很多大砲的軍艦。其中還有一艘命名為「復仇號」。不消說，假想敵當然是西班牙。

打敗西班牙無敵艦隊

　　一五八一年，葡萄牙因為王室無人繼承，而與西班牙合併。因為當時的西班牙王菲力普二世的母親是葡萄牙王曼紐爾一世（Emanuel, 1469-1521）的女兒。合併葡萄牙後，西班牙成為日不落帝國。

　　一五八八年，英國與西班牙的關係已經惡劣到必須攤牌的時候。這年五月，西班牙王菲力普二世派遣一百三十艘軍艦，八千名水兵，兩萬名士兵，從里斯本出發，進入英吉利海峽，直撲英國。

　　這一百三十艘軍艦之中，一千噸級的有七艘，八百噸級的有十七艘，五百噸級以上的有三十二艘，總共有大砲二千六百三十門。這支威風堂堂的艦隊在海上一字排開，簡直就像是一座海上長城，而被稱為「無敵艦隊」（Armada）。

　　另一方面，英國的正規海軍軍艦只有三十四艘，再加上民間的團體與個人所提供的各型船隻，總共也不過八十艘。不過，英國的海軍船艦卻是霍金斯的精心之作，雖然船身較西班牙的軍艦小，速度卻較快，動作較敏捷，砲火也較猛烈。另一方面，西班牙的海戰的戰術仍未擺脫傳統的海戰思考模式，還是把海戰當成是陸戰的延伸。加上英國是以逸待勞，西班牙的無敵艦隊居然被英國艦隊打敗。

無敵艦隊被英國船艦打得落花流水，信心全失，他們不敢再走英吉利海峽返回西班牙，因為怕再次遭到攻擊，於是只好倉皇逃往北海。可是屋漏偏逢連夜雨，當無敵艦隊要繞過蘇格蘭的北端時，又遇到暴風雨，結果回到西班牙時，只剩五十多艘。而且那五十多艘軍艦因為先後受到炮火與暴風雨的蹂躪，帆柱斷的斷，帆布破的破，簡直體無完膚，慘不忍睹。

　　從一五八八年七月底到九月，整個英國都因為擊敗強國西班牙的無敵艦隊，而處於極端亢奮的狀態。全國的修道院響起了慶祝的鐘聲，久久不歇，市民的合唱團穿梭於大街小巷高聲歡唱，人們在街頭敲開啤酒桶舉杯

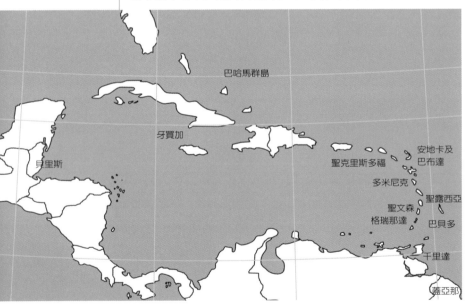

地點	年份	佔領情形	備註
聖克里斯多福	1623	成爲英國人在加勒比海擴張勢力的基地。	爲英國在西印度群島最初的殖民地。
巴貝多	1627	成爲英國領土。	
牙買加	1655	成爲英國領土。	自西班牙奪取。
安地卡及巴布達	1667	成爲英國領土。	
聖文森	1762	爲英國人佔領。	一七八三年正式成爲英國領土。
巴哈馬群島	1783	正式成爲英國領土。	一四九二年，哥倫布第一次橫渡大西洋時，就是在這兒登陸。之後，西班牙雖然強迫島上的居民做苦工，但並沒有在這些島殖民。這些島成了海盜的根據地，紛爭不斷。
格瑞那達	1783	成爲英國領土。	
千里達	18c末	被英國佔領。	
貝里斯	1802	成爲英國領土。	十六世紀成爲西班牙領土，十七世紀英國人開始入殖，之後，兩國爲了貝里斯之領有權而紛爭不斷。
多米尼克	1805	成爲英國的領土。	一六三三年被法國人佔領。之後，英法便爲這個島的領有權而爭奪。
聖露西亞	1814	成爲英國殖民地。	英國人於十七世紀前半就開始在此島殖民，後來，法國人也開始殖民，之後，英法兩國在此演出爭奪戰。
蓋亞那	1814	成爲英國領土。	

暢飲，到了晚上則舉著火把在街上遊行。

　　經過這場戰役，西班牙失去大西洋的制海權，另一方面，英國則奠定了向外發展的基礎。英國人知道身為島國的英國能否向外海發展，將左右英國的國運。英國的朝廷大臣兼航海家羅利（Sir Walter Raleigh, 1552-1618）說得一針見血：「控制海洋的人就控制了世界貿易，也就控制了世界的財富，也就控制了世界。」

　　西班牙失去大西洋的制海權之後，英國、荷蘭、法國的商人與冒險家便紛紛前來佔領加勒比海未開發的眾多小島。其中仍以英國人最強悍，加勒比海的島嶼最後多數被他們佔領。

縱橫海上，掌握三角貿易

　　英國擊敗西班牙的無敵艦隊後，就逐漸取代西班牙，成為大西洋的新霸權，並享受了最多的新大陸利益。西班牙從新大陸獲得的利益主要來自金、銀礦，英國從新大陸獲得的利益則主要來自三角貿易。英國的船隻在英國本土裝載國內生產的毛織物、生活用品、武器彈藥以及從印度進口的棉布等商品後，從英國駛往西非，卸下一部份商品賣給當地商人之後，向對方買黑奴，趕上船，然後再駛往美洲，將剩下的商品與黑人奴隸卸下，賣給當地的栽培農場經營者與礦山經營者，並購買美洲所生產的砂糖、菸草、染料、棉花等商品，裝

上船，然後運回英國，賣給英國的商人。

　　換言之，從事三角貿易的英國商人在非洲西海岸賺了一筆，在美洲又賺一筆，回到英國又賺一筆。出一趟門賺三筆。這就是著名的三角貿易。

　　三角貿易給英國帶來源源不絕的利益，這和金、銀流入西班牙截然不同。金、銀流入西班牙後，只肥了少數的王室、貴族與出資的商人，卻造成西班牙製造業的衰退。三角貿易則不但使英國的製造業更加蓬勃發展，還在國內累積了豐厚的資本，為即將來臨的工業革命打下厚實的基礎。據說，蒸汽機的改良者瓦特所接受的資金援助之中，有一部份就是來自於三角貿易所得。

新物產引進歐洲

　　哥倫布發現美洲以及葡萄牙人發現新航路之後，許多西方人以前很需要但價格卻很昂貴的物產，現在由於大量進口到西方，導致價格大幅下降，而使得一般大眾也能盡情享受，胡椒、香料就是最好的例子。也有一些物產，以前西方人根本沒見過，或者只有很少的人見過，現在進入了每個家庭。例如玉蜀黍、馬鈴薯、甘藷、蕃茄、南瓜、辣椒、咖啡、茶、砂糖、菸草、可可（巧克力）等。這些新出現的物產當中，有些對西方的經濟產生重大的影響，例如，玉蜀黍和馬鈴薯在西方大量栽培後，促進西方人口的增加。

歐洲以前沒有玉蜀黍，哥倫布在第一次航海時把美洲的玉蜀黍帶回西班牙。之後，歐洲人才開始種植玉蜀黍。玉蜀黍成為地中海沿岸各國，如西班牙、葡萄牙、義大利北部、希臘、羅馬尼亞、匈牙利、捷克等地方的食糧。太過乾燥的地方無法種植稻米，太過潮濕的地方則無法種麥，可是玉蜀黍種類很多，可以適應各式各樣的氣候。此外玉蜀黍還有單位生產量高、栽培期間短的優點。而且玉蜀黍除了給人吃之外，還可以當作飼料，給家畜吃。因此歐洲家畜的產量變多，人們可以消費更便宜的肉類，這當然也有助於人口的增加。

這是布雪於 1739 所繪製的《早餐的咖啡》，從十七世紀開始，咖啡逐漸成為一班歐洲人的日常飲料。

各洲及世界人口（西元 1000 年～1850 年）

（單位：一百萬人）

	1000	1500	1600	1700	1750	1800	1850
歐洲	36	81	100	120	140	180	265
北美洲	0.5	1	1	1.2	2.3	6.5	26.5
拉丁美洲	8.5	13	10.5	11.8	13.7	17.5	32.5
非洲	33	46	55	61	—	70	81
亞洲	185	280	375	415	495	625	795
大洋洲	1.5	2	—	—	—	2.5	2.25
世界總計	265	425	545	610	720	900	1200

歐洲以前也沒有馬鈴薯，馬鈴薯也是哥倫布從美洲帶回歐洲的。和玉蜀黍一樣，馬鈴薯的適應力強，栽培期間短，單位生產量高。玉蜀黍大都種植於南歐，馬鈴薯則大都種植於中歐與北歐。

　　馬鈴薯於十七世紀成爲愛爾蘭人的主食。在英國，馬鈴薯起初只是豬的飼料，到了十八世紀，則成爲下層階級的主食。在比利時、荷蘭、萊茵河流域以及普魯士，馬鈴薯同樣成爲貧窮民眾的主食。歐洲自古以來，以小麥、大麥、燕麥、裸麥等穀物爲主食，人口成長緩慢，自從加入來自於美洲的栽培植物，尤其是玉蜀黍與馬鈴薯之後，人口便大幅增加。人口增加後，各種需求隨之增加，需求的增加刺激了製造業的發達。這對引發工業革命提供了相當程度的助力。

　　美洲的栽培植物不僅流入歐洲，而且還隨著歐洲人的向外擴張與殖民，而流到亞洲以及世界各地，造成各地糧食產量的增加，進而造成世界人口的大增。

咖啡降價與咖啡館的興起

　　有些新物產雖然對促進歐洲人口的增加沒有直接的貢獻，但卻對歐洲的消費習慣與飲食文化產生不可忽視的效果，咖啡、砂糖、茶就是典型的例子。

　　咖啡是熱帶植物，所以位處溫帶的西方人原本不喝、也不認識咖啡。咖啡原產於非洲的衣索比亞，六世

紀，阿拉伯人把咖啡引進阿拉伯栽培，不過當時阿拉伯人並不是將咖啡泡水喝，而是把咖啡磨成粉後，加在奶油中，揉成球狀食用。

　　一世紀初期，阿拉伯人開始把咖啡泡成飲料。此後，咖啡在麥加、麥地那、大馬士革和開羅等伊斯蘭教的重鎮受歡迎。一五一七年，土耳其人出征埃及，帶回喝咖啡的風習。為什麼咖啡會在伊斯蘭教世界流行呢？據說是因為伊斯蘭教禁止教徒喝酒，而咖啡含有咖啡因，有提神醒腦、興奮精神的作用，因而受到伊斯蘭教徒的歡迎。也有人說阿拉伯商隊在穿越沙漠時，容易疲倦，喝咖啡有提振精神的作用。

　　十六世紀後半，歐洲人到東方，發現土耳其人喜歡喝咖啡，便也學著喝，喝咖啡的習慣開始傳往歐洲。十七世紀中期，英國的東印度公司與荷蘭的東印度公司在阿拉伯半島的摩卡購買咖啡，繞過非洲南端好望角，定期輸送到歐洲。到了十七世紀末期，荷蘭人開始在錫蘭與爪哇栽培咖啡。一七二七年，葡萄牙人也在巴西建立大規模的咖啡產業。隨著咖啡的產量愈來愈多，咖啡的價格愈來愈便宜，一般大眾也買得起，咖啡因而成為西方人的日常飲料。

　　一六五〇年，牛津的大學街出現英國第一家咖啡館。一六五二年，倫敦也出現咖啡館。此後，咖啡館如雨後春筍般愈來愈多，到了一六八三年，倫敦的咖啡館

多達三千家。咖啡館一開始是英國的商人與貴族的社交場所。他們付一辨士的入館費後，手握著一杯一辨士的咖啡，高談闊論海外殖民地或國際貿易的種種資訊。咖啡館是他們的資訊交流站，也是他們尋得商機的重要場所。後來，進口的咖啡愈來愈多，咖啡愈來愈便宜，其他階層的人也有能力到咖啡館消費，尤其是作家文人，特別喜歡到咖啡館尋找靈感、獲取資訊，以及享受那兒的異國氣氛。

你的茶要加糖嗎？

人類最早消費的糖是蜂蜜，而不是蔗糖。甘蔗由於生長在熱帶和亞熱帶，因此自古以來就不是歐洲的產物，它的原產地據說是在東南亞的新幾內亞，後來在印度大量栽培。七世紀時，甘蔗經由阿拉伯伊斯蘭帝國，傳到地中海圈的西西里島、馬爾他、摩洛哥，到了十一世紀末，十字軍占領聖地時，歐洲人才首次見識甘蔗。

威尼斯商人發現甘蔗有商機，便在克里特島與塞浦路斯島大量栽培。但是由於甘蔗屬熱帶產物，並不很適合在地中海栽培，因此威尼斯商人的努力沒有獲得顯著的成果。對中世紀的歐洲人而言，砂糖和香辛料一樣，是珍貴的物品。當公主、王妃出嫁的時候，砂糖和其他華麗的衣裳一樣，是嫁妝之一。對大多數人而言，砂糖是一種藥材，在藥店以公克為單位販賣。

茶生長在高溫多濕的地方，因此當然不是歐洲的作物。茶起源於兩個地方，一個是中國，一個是印度東北方的阿薩姆與緬甸北部一帶。一六三○年代，茶先傳入荷蘭，再經由荷蘭傳入法國、英國與日耳曼。但只限於少數上層階級享用。

一六五七年，倫敦一家名叫「加里維」（Garraways）的咖啡館開始公開銷售茶葉，當然也在咖啡館內提供這種新飲料。但價格高昂，一磅要六至十英鎊。

一六六二年，葡萄牙公主凱薩琳嫁給英王查理二世，凱薩琳酷愛喝茶，她把喝茶的習慣帶到英國宮廷。在此之前，英國宮廷喝的飲料主要是麥酒（ale）和葡萄酒，但在皇后凱薩琳的影響下，上流階級的仕女也跟著喝起茶來。

茶如果只限於在咖啡館供男士飲用，勢必無法普及，但由於皇后凱薩琳的關係，到了十七世紀末，茶成為英國上流階級的家庭飲料，而且在倫敦的食品雜貨店也買得到。後來由於進口數量增加，價格也愈來愈便宜，到了十八世紀中期，茶在英國已經成為大眾的飲料。

英國東印度公司於一六六九年首度進口茶。到了一七六○年，英國東印度公司進口的亞洲商品中，已經有百分之四十是中國的茶。

茶的種類

茶大致可分成三種，一種是不發酵的綠茶，一種是發酵的紅茶，一種是半發酵的烏龍茶。東印度公司進口的茶有綠茶與紅茶，一開始綠茶較多，紅茶較少。十八世紀初期，進口的茶當中，綠茶約佔五成五，紅茶約佔四成五。此後，進口的紅茶愈來愈多，到了十八世紀中期時，紅茶約佔六成六，綠茶約佔三成四，紅茶成了主流。

英國人開始喝茶之後，不管喝的是綠茶還是紅茶，都會在茶裡加砂糖與牛奶。奶茶不是英國人首創，蒙古人早就習慣在茶裡加牛奶。英國人在茶裡加奶是否學自蒙古，不得而知，但在茶裡加糖則肯定是英國首創。

這種獨特飲法，隨著茶的普及，使英國對砂糖的需求愈來愈大。一六○○年時，英國每人每年平均消費砂糖不到四、五百公克，到了十七世紀，每人每年平均消費大幅增加到兩公斤，十八世紀時，更增加到七公斤。

蔗糖產業的興起始於十五世紀，當時葡萄牙人沿著非洲西岸南下探險，在非洲西岸的馬得拉群島、維德角群島、聖多美島等地設立根據地。這些島嶼屬於熱帶地區，葡萄牙人便在這些島嶼，種植甘蔗，生產砂糖。種植甘蔗，從開墾土地、種植、收割到搬運，無不需要大量勞力。葡萄牙人便利用非洲黑奴，在這些島嶼生產甘

蔗。西班牙人也在卡納里群島種植甘蔗。一四九三年，哥倫布於第二次西航時，就將卡納里群島上的甘蔗種苗運到埃斯帕諾拉，也就是現在的多明尼加共和國栽培。

　　一五○○年，葡萄牙積極開發巴西，從非洲進口黑人奴隸，大力栽培甘蔗。一五五○年，巴西只有五個甘蔗農園，到了一六二三年，已有三百五十個甘蔗農園。到了十七世紀末期，葡萄牙幾乎獨佔砂糖市場。加勒比海的東邊有一群島嶼，叫做小安地列斯群島。哥倫布發現美洲後，由於西班牙忙於征服較大的島嶼與大陸部份，而且小安地列斯群島上的原住民較為剽悍，因此西班牙一直沒有在小安地列斯群島上殖民。後來荷蘭、英國、法國侵入西印度群島，向西班牙分一杯羹時，首先佔領的地方就是小安地列斯群島。一六二四年，英國與法國的殖民團幾乎同時入殖聖克里斯多福島。一六二七年，英國入殖巴貝多島，一六三二年入殖安地卡島。法國於一六三五年入殖馬提尼克島與瓜得洛普島。這些島嶼中，最先栽培甘蔗的是英領巴貝多島，於一六四○年左右開始栽培，並且成為加勒比海甘蔗生產量最多的地方，以供應英國對蔗糖大量需求。一六六六年時，巴貝多島上已經有八百個甘蔗農園，八萬名奴隸。

歐洲掀起印度棉布熱

　　除了吃的、喝的之外，穿的棉布也是新物產之一，

而且它對後來歷史發展的影響，遠勝過其他新物產。

　　棉布的優點很多，它的吸汗性強，耐磨耐穿，染色後色澤不容易脫落，而且觸感很好，通氣性佳，穿起來很舒服。棉布不僅適合做成衣服，還適合做成窗簾、床單、桌巾、毛巾等，用途廣泛。從熱帶到寒帶，棉布都很適合穿著，不像毛織品，不適合在熱帶地區穿著。因此棉布可說是一種世界商品，任何地方都可以是它的市場，任何人都可以是棉的消費者。

　　棉花適合生長在氣候較熱的地方，原產於印度，後來傳到中國、非洲、美洲等地。英國的氣候根本不適合生產棉花，因此在大航海時代之前，英國人不知棉花長什麼樣子，英國人自古以來就是穿毛織品或麻織品，沒人穿棉織品，可是到了十七世紀中期之後，英國人卻開始流行穿棉織品，不論男女老幼全都穿棉織品。為什麼會這樣呢？英國人是如何愛上棉布的呢？

　　前面曾經提過，在十七世紀初期，英國與荷蘭這兩個新興的西方海上強權雙雙設立東印度公司，侵入葡萄牙在東南亞的地盤，爭食胡椒、香料的貿易利潤。葡萄牙敗退之後，英國與荷蘭也爭鬥起來，結果由於荷蘭在東南亞的勢力遠大於英國，因此英國只好將摩鹿加群島的香料貿易讓給荷蘭，自己則專心於印度的經營，還在印度找到物美價廉的棉布。印度棉布的優越特性引起英國東印度公司的注意，它的低廉價格更讓他們的眼睛為

之一亮。

當時，印度的工資比英國便宜得多，大約是英國的三分之一至四分之一。以這麼低廉的工資織出來的印度棉布，即使加上運費與商人的利潤，仍舊比英國國內的其他紡織品便宜。即便是英國的勞工階級也買得起。於是英國東印度公司開始將印度棉布進口到英國。

由於印度棉布如此價廉物美，以至於在一六六〇年代與七〇年代，英國爆發了「印度棉布熱」。不論窮人還是富人，貴族還是平民，大家都迷上了印度棉布。

發現新大陸，掀起歐洲生活革命

亞洲與美洲的物產流入歐洲後，對歐洲人的消費習慣與飲食文化產生很大的影響，這在英國尤其明顯。

英國自從於一六〇〇年成立東印度公司之後，亞洲的物產就源源不絕地流入英國，另一方面，自從於一六二三年在西印度群島獲得第一個的殖民地聖克里斯多福之後，美洲的物產也源源不絕流入英國。

十八世紀時，國外進口的新商品，在英國引起了新的消費生活，從上層階級開始，抽菸（抽菸是西方人向美洲原住民學來的）、喝咖啡、喝茶、穿棉織品、使用陶瓷器。一開始，由於這些新商品數量少，價格高昂，只有上層階級享受得起，因此新的消費生活成為一種社會地位的象徵。然而隨著進口的新商品愈來愈多，價格

也愈來愈大眾化，一般人只要稍微努力工作，多掙一點錢，或稍微節省一些，就能買得起新商品。於是有人開始模仿上層階級，享受新商品，感受時髦高雅的生活。就這樣，使用新商品成為一種流行，不懂使用新商品，寧可拘泥於傳統生活的人，成為沒見過世面的土包子。這樣的流行風由都市吹到鄉下（水平普及），同時也由上層階級蔓延到中下層階級（垂直普及）。

一份一七六三年的英國雜誌說：「近來人們盛行模仿上流階級，幾年之後，庶民大概會完全消失吧！」

英國小說之父菲爾丁（Henry Fielding, 1707-1754）曾擔任治安官，他對當時這種「不安其位」的社會風潮，如此嘆道：「貴族爭先恐後，與王公比華麗，富紳嚮往貴族的地位，從帳房竄出來的商人則假冒富紳的模樣，不只如此，這種傾向還蔓延到最下層如廢物般的人。」

一位於一七九○年代到英國旅行的西班牙人綜合他在英國的觀察，如此說道：「在這個國家，連下層階級的人都具有強烈的慾望想要維

除了香料之外，商人也從東方進口各種絲綢和棉布，其中價格較低的棉布很快受到西方人的歡迎。

213

英國中產階級追求流行的諷刺圖。

持他們的自尊與外界對自己的評價，因此他們花費很多心思在自己的行動上與外表的美觀上。」

這樣的現象可稱之為「生活革命」或「消費革命」，不管是哪一個階層的人，都願意花錢購買新商品，享受新商品所帶來的生活質感，並以此向鄰人炫耀。人們開始重視生活的享受，當然，上層階級的人本來就重視生活的享受，現在連中、下階級的人也開始重視起來。這種「享受生活」、「享受人生」的趨勢從文藝復興以來，就已逐漸顯現，但新商品的出現卻讓這個趨勢更加明確，更加成為一股無法抗拒的時代巨流。

生活革命對英國的經濟產生很大的影響。人們為了享受更多的新商品，就必須更賣力工作，以賺取更多的錢。當這樣的生活方式——更努力地工作及更大膽地消費，成為大眾的習慣時，工業革命已經呼之欲出了。

工業革命的巨輪

英國藉著三角貿易在國內累積了豐厚的資本，又因為生活革命而提高了大眾的消費慾，擴大了國內的消費市場，以及培養出為了提高生活享受而願意更加努力工作的生活態度。在科技方面，英國承繼了古希臘的科學遺產，又經過文藝復興的粹煉，使得新時代的科學加添了「注重實驗」的重要精神。這些因素湊起來，讓工業革命蓄勢待發。現在萬事俱備，只欠東風。

所謂工業革命，就是以機器代替人力，把生產力提高數十倍、數百倍。因此現在必須有一樣商品大受消費者的歡迎，而造成供不應求的現象，商品的供不應求促使製造者與發明家絞盡腦汁，設法想出提高產量的方法。最後，以機器生產的方式終於因應而生。

　　那麼，那個大受英國消費者歡迎的商品是什麼？就是棉織品！英國的工業革命就是從棉織工業開始發生。

　　一般而言，英國的工業革命是自一七六〇年代開始至一八四〇年代爲止。在這段期間內，英國的棉花（棉織工業的原料）進口額與棉織品（棉織工業的製成品）出口額雙雙成快速增加。

英國年平均棉花進口額

年次	進口額（磅）
1701-1705	1170881
1716-1720	2173287
1771-1775	4476589
1781-1785	10941934
1786-1790	25443270
1801-1805	58342385
1816-1820	139505531
1826-1830	232909163

英國棉織品出口額

年次	出口額（磅）
1730	13000
1780	355000
1800	5406000
1821	16000000
1831	17200000
1841	23400000

珍妮紡紗機可以紡出較
以往要柔細的紗。

爲什麼英國的工業革命是從棉織工業開始發生？

　　前面提到由於印度棉布價廉物美，以至於在一六六○年代與七○年代，英國爆發了「印度棉布熱」。不論窮富，不論貴賤，大家都迷上了印度棉布。

　　英國的傳統紡織業是毛織業，印度棉布的大量進口危及毛織工人的生計，逼得他們起而抗議。英國下議院只好於一七○○年通過「印度棉布進口禁止法」，但是印度棉布的進口有增無減。一七一九年六月，大約兩千名憤怒的織布工，化爲暴民，向倫敦推進，對身穿印度棉布的市民施以暴力，或者剝下他們身上穿的衣服。英國政府只好於一七二○年通過「印度棉布使用禁止法」。可是這條法令卻有例外，也就是圍巾、染成藍色的印度棉布，以及棉、麻、毛混合織成的布不在此限。顯然這條法令有漏洞可鑽。

　　爲什麼英國政府不嚴格禁止印度棉布呢？因爲進口印度棉布的「英國東印度公司」與政界有很密切的關係，許多英國政要與「英國東印度公司」是利益共同體，怎會擋自己的財路？印度棉布的進口依舊有增無減。面對這樣的情勢，英國的織布工無法坐以待斃，他們既然不能阻止印度棉布進口，就必須順應市場的趨勢，生產廣受消費者喜愛的棉布才行。不，不但要生產棉布，而且要生產比印度棉布更物美價廉的才行，否則如何競爭得過印度棉布？

1796 年阿克賴特發明了水紡紗機，這個機器有四個紡錠，因此比原本的手動紡紗機多四倍功效，紡出來的紗的強韌度也大大增加。

英領西印度群島有種植棉花，因此原料來源不成問題。問題是英國的工資比印度貴，如何生產出物美價廉的棉布呢？只有一個方法，那就是發明出更有效率的生產工具，以提高產能、降低成本。

就在這個時候，英國人約翰・凱（John Kay, 1702-1764）於一七三三年發明了飛杼。以前織布工必須拿著杼，往返於線與線之間，不但費時，而且織工織出的布，寬幅最多只能是兩手張開時的寬度，如果要織出比這更寬的布，就必須有兩人以上的織布工一起合作才行。有了飛杼之後，織布工人只要拉織布機前的一條線再放手，飛杼就會自動往返，省下很多時間，而且還可以織出比以前更寬的布。

織布機的效率提昇之後，由於紡紗機的效率並未跟著提昇，因此造成紗線不足，這個情形迫使有心人思考如何改良紡紗機，提高紡紗機的生產力。傳統的紡紗機是手動式，而且只有一個紡錘。一七六四年，紡織工哈格里夫斯（James Hargreaves, ?-1778）發明了一種多軸紡紗機，並以他的妻子珍妮為名，取名珍妮紡紗機（Spinning Jenny）。他於一七七〇年獲得專利。珍妮紡紗

機一開始可以裝八個紡錘，之後，逐漸改良，紡錘愈來愈多，後來甚至超過一百個紡錘。有了珍妮紡紗機之後，一個紡紗工可以同時操作數個紡錘，提高了生產力，紗線的價格因而較以前便宜。但珍妮紡紗機仍須用手轉動，而且紡出的棉紗由於強度不夠，不能作經線，只能作緯線。

　　一七六八年，阿克賴特（Sir Richard Arkwright, 1732-1792）發明水力紡紗機，並於一七六九年取得專利，一七七一年開始在各地建設紡紗工廠。水力紡紗機能紡出的線強度夠，可以作經線。在此之前，緯線是用棉紗，經線是用亞麻紗。有了水力紡紗機之後，織布時，緯線與經線都可以使用棉紗，織出純正的棉布。這下子，英國的棉織業終於在技術上可以和印度棉織業相抗衡。但在這個階段，英國產的棉布只能和印度產的普通棉布相抗衡，還比不上印度的高品質棉布。印度的高品質棉布更細，觸感更佳。

　　珍妮紡紗機與水力紡紗機各有缺點，珍妮紡紗機所紡出來的棉紗不夠強韌，水力紡紗機所紡出來的棉紗則不夠細。

　　一七七九年，克朗普頓（Samuel Crompton, 1753-1827）結合珍妮紡紗機與阿克賴特水力紡紗機的優點，發明騾馬紡紗機。為什麼稱為騾馬紡紗機呢？因為騾是驢子與馬交配生下的雜種，而騾馬紡紗機是結合珍妮紡

紗機與阿克賴特水力紡紗機的優點誕生的。

　　騾馬紡紗機紡出來的棉紗細而強韌，可以用在緯線，也可以用在經線。有了騾馬紡紗機，英國可以生產出高品質的棉布，與印度的高品質棉布對抗。這場競賽，不用說，當然是英國勝利。因為英國用機器生產，產量大，價格低，競爭力強過用手工手產的印度棉。

　　克朗普頓所發明的騾馬紡紗機能紡出很細的紗，這個消息一傳十，十傳百，很多人都跑到克朗普頓的家，想竊取技術，有人在牆上挖洞，有人搬梯子靠在窗戶，有人冒充訪客，讓克朗普頓不勝其擾。

　　就在紡紗機與織布機展開接二連三的創新改進之時，動力部門也出現了一個前所未有的創新與改進，這個創新與改進讓英國的工業革命獲得決定性的助力，那就是瓦特改良的蒸汽機。

　　一般來說，產業機械化的時候，有三個要素必須解決，第一個要素是動力機。自古以來，人類除了人力、獸力之外，還利用水力或風力，但人力與獸力的力量有限，而且容易

騾馬紡紗機結合了珍妮紡紗機和水紡紗機的優點，可以織出又細韌度又強的紗。

累，工作一段時間後必須休息，水力與風力則受限於自然環境，例如多天河川結冰時，就無法使用水力。因此，直到瓦特於一七六五年將紐科門蒸汽機大幅改良，製造出實用性極高的蒸汽機之後，動力機的問題才獲得突破性的解決。第二個要素是工作機。這在紡織業這個領域，經過前述一連串的技術革新後，也獲得完善的解決。第三個要素是傳力裝置，如齒輪、皮帶，鍊條等。這個要素的困難度遠低於前面二個要素，所以不是大問題。因此，當動力機與工作機這兩個要素獲得解決後，也就是英國工業革命開始像脫韁之野馬向前飛奔的時候。

蒸汽機是怎麼出現的？有些書說是英國人瓦特（James Watt, 1736-1819）於一七六五年發明蒸汽機。其實在一七六五年之前，英國就已經有蒸汽機了，瓦特並非無中生有，發明出推動工業革命的蒸汽機，他是改良早已存在的蒸汽機。

英國是什麼時候開始有蒸汽機的呢？這得從英國森林的枯竭說起。英國在中世紀，森林非常茂盛。傳說中的十三世紀英雄羅賓漢就是住在森林裡。可是由於人們以木材爲燃料、建材，以及爲了發展牧羊業，而大量砍伐森林，到了十六世紀時，森林已經少到危及國家安全的地步。英國政府不得不於一五四三年下令，砍伐森林時，每一英畝必須留下十二株幼樹。即使如此，森林仍

瓦特改良蒸汽機，使得紡織工業的動力來源不受地緣限制，並且使工業效能大增，改變了工業、經濟、社會型態，甚至改變了人與人的關係。

瓦特的蒸汽機

不斷減少。森林資源的枯竭讓一些以木材為燃料的產業，如製鐵業、玻璃業、製鹽業、釀造業等面臨發展的瓶頸。於是這些產業只好將燃料由木材改成煤炭。起初不成問題，因為英國有很多煤炭是在地層表面，或埋在離地層表面不遠的地下，可是當這些煤炭都挖光了，就必須往更深的地下挖才行。這時問題出現了，往地下挖，會碰到地下水。必須把礦坑裡的水抽出來才行。

當時是用抽水機抽出礦坑裡的水，動力則是使用人力、馬力、風力或水力。但是這種方法效率很差。於是，一位英國的技工薩弗里（Thomas Savery, 1650-1715）於一六九八年發明了第一個實用的蒸汽機，而且獲得專利。然而這個被稱為「礦工之友」的蒸汽抽水機只能抽到地下三十公尺的水，再深就抽不上來，而且薩弗里的蒸汽機有爆炸的可能性。因此這款蒸汽機只有少數礦坑使用。後來，紐科門（Thomas Newcomen, 1663-1729）於一七〇五年改良了薩弗里的蒸汽機，新款的蒸汽機，也就是紐科門蒸汽機才在英國各地的礦坑普及起來。那麼，瓦特究竟是何許人？他是怎麼改良蒸汽機的呢？

瓦特生於蘇格蘭的格里諾克，父親是個造船匠。瓦特從小就喜歡玩機械之類的東西，一七五七年，二十一歲時，他到蘇格蘭南部最大的城市格拉斯哥。他住在格拉斯哥大學裡，擔任格拉斯哥大學的校園技工，為這所

大學（創始於一四五一年）製作器械。在這段期間，瓦特一方面自修力學、數學、物理學、化學，一方面結交格拉斯哥大學的教授，豐富了自己的學識與經驗。

有一回，格拉斯哥大學一位物理學教授的紐科門蒸汽機模型壞了，請瓦特修理。瓦特在修理紐科門蒸汽機的模型時，發現這個在當時最先進的蒸汽機其實還有很多缺點，他便下工夫，一一予以改良。改良後的蒸汽機效率大增，是紐科門蒸汽機的四倍，成為真正能夠推動工業革命的動力機械。一七六九年，瓦特獲得了專利。英國議會並於一七七五年將他的專利期限延長二十五年。瓦特因為他的「發明」而成了大富翁，活到高齡八十四歲。

水力紡紗機與騾馬紡紗機都利用水力，所以工廠必須設在山地有溪流的地方，可是當瓦特的蒸汽機裝到水力紡紗機與騾馬紡紗機上之後，工廠就可以設在任何地方，不必再侷限於有山有水的地方。一七八五年，英國出現了第一座採用蒸汽機的紡紗工廠。

曼徹斯特是英國工業革命期間最大的棉紡織工業中心。一七八二年，曼徹斯特只有兩座紡紗工廠，到了一八〇二年時，有五十二座紡紗工廠，其中大部份是以蒸汽機為動力。

一八一二年時，一個曼徹斯特紡紗工人在一定的時間所生產的棉紗，是珍妮紡紗機未發明前兩百個紡紗工

工業革命以來的發明使得機械逐漸取代人工成為生產主力。圖為女工操作機械畫織布機的情景。

人的生產量。換言之,生產力提高了兩百倍。到了這個階段,全世界已沒有一個國家的紡織工業是英國的對手,除非他們和英國一樣,採用高效率的生產設備。

蒸汽輪船與蒸汽火車的發明

蒸汽機是個非常重要且影響深遠的發明,作為一個動力源,它不像人力或獸力會疲倦,也不像水力或風力受限於氣候與地理條件,它在任何時間、任何地點都可使用,而且大型的蒸汽機還可以發出極大的力量,絕非人力或獸力可比擬。因此,蒸汽機除了用在工業機械上,也可用在交通工具上,展現出它驚人的威力。

一七八八年,英國人希密頓(Symington, 1763-1831)建造了一艘蒸汽輪船,這艘船雖然創下時速八公里的紀錄,但還不是很實用。一八○七年,美國的發明家富爾頓(Fulton, 1765-1815)所建造的蒸汽輪船以三十二小時完成從紐約到阿爾巴尼的兩百四十公里航程,從那之後,蒸汽輪船便成為具有經濟效益的水上交通工具。不過這只限於河川的航行。蒸汽輪船征服完河川

後，還必須征服海洋，才能真正取代帆船。

一八一九年，英國一艘加裝蒸汽機關的帆船「沙賓納」號橫渡大西洋。不過「沙賓納」號並非全程以蒸汽力航行。一八三九年，英國的「西里烏斯」號首度全程以蒸汽力，花二十天的時間，橫渡大西洋。這項了不起的紀錄不到幾個小時就被另一艘蒸汽輪船「大西方」號打破。「大西方」號只花十五天就橫渡大西洋。從此以後，蒸汽輪船完全取代帆船的地位，不管風怎麼吹，人類都可以在汪洋大海中來去自如了。

至於在蒸汽軍艦方面，西方的第一艘蒸汽軍艦由美國拔得頭籌，於一八一四年進水。英國的第一艘蒸汽軍艦則較晚誕生，於一八三三年下水。

在陸上交通方面，一八二九年，英國人史蒂芬森（Stephenson, 1781-1848）所製造的蒸汽火車「火箭號」在一場實驗中創下載客三十人，時速四十八公里的成功紀錄。兩年後，一八三〇年，曼徹斯特與利物浦之間的鐵路鋪設完畢，史蒂芬森的蒸汽火車正式在這條鐵路上行駛。此後的一個世紀，蒸汽火車成了西方各國陸地上最重要的交通工具。蒸汽火車不僅讓各階層的人獲得更多旅行的機會，促進了人的流動，更成為產業的動脈，讓原料與製成品在很短的時間內，抵達目的地。

蒸汽輪船與蒸汽火車的發明，使工業革命的發展如虎添翼。

全球化從工業革命開始

英國經濟學家亞當斯密（Smith Adam, 1723-1790）在《國富論》裡這麼說：「哥倫布發現美洲以及葡萄牙人發現經由好望角抵達東印度的航路，是人類歷史上最偉大、最重要的兩件事。」

這兩件事對全人類而言是否最偉大，可能見仁見智，但毫無疑問的，這兩件事在西方文明稱霸全世界的過程中，發揮了最大、最關鍵性的效用。我們來整理一下地理大發現對西方文明產生哪些影響。

一、美洲的大量金、銀流入歐洲後，促進了歐洲內部的消費活動，進而刺激了生產活動。另一方面，擁有大量貴金屬也提高了歐洲對亞洲物產的購買力，亞洲的物產因而得以源源不絕地流入歐洲。

二、歐洲人在美洲發現玉蜀黍和馬鈴薯等新的食用植物後，引進歐洲栽培，這些單位生產量高又具營養價值的食用植物促成歐洲人口的增加。人口增加後，提供了新的勞力與新的消費群，刺激了製造業的發展。

三、地理大發現改變了歐洲人的世界觀，刺激了歐洲人的思考，也增強了歐洲人對其他民族的自信心。歐洲人一方面擺脫中世紀狹窄的世界觀，推翻了中世紀以來對未知世界荒誕可笑的描述，發現這個世界是如此的遼闊與新奇，一方面也開始對歐洲人的文明水準充滿信

心，認為歐洲人有能力一一揭開未知世界的真象，甚至根據西班牙人在美洲與原住民接觸的經驗，覺得歐洲人有能力征服新世界的任何種族。這樣的認知與自信，使歐洲的對外擴張一發不可收拾。

四、美洲與亞洲的物產源源不斷流入歐洲後，提高了歐洲人的生活品質，使歐洲人培養出享受生活、享受人生的新消費觀與新人生觀，這樣的新消費觀與新人生觀刺激了生產活動，讓西方走向一條通往工業文明與資本主義世界的不歸路。

五、地理大發現讓西方獲得空前絕後的新土地、新勞力、新原料。哥倫布發現美洲後，西方文明獲得了全世界最大的大陸，西方人在這塊土地上，利用極廉價的勞力（美洲原住民與非洲黑人），種植出在歐洲所無法種植的各種熱帶經濟作物，如甘蔗、咖啡、菸草、棉花等，其中尤其以棉花對西方工業文明的貢獻最大，因為英國的工業革命是從棉紡織工業發生，而英國棉紡織工業於十八世紀初期所使用的原料（棉花）有四分之三是來自於西印度群島，如果沒有西印度群島所提供的原料，英國的工廠如何生產棉布？

六、美洲、亞洲、非洲這三個地區不僅為西方提供了土地、勞力與原料，還提供了市場。這三個地區的市場吸收了西方製造業，尤其是英國製造業所生產的工業產品，為西方的工業化立下汗馬功勞。

綜合以上六點所述，新航路與新大陸的發現讓西方文明成了人類歷史上前所未有最強大的文明，而且這個強大的文明不像亞歷山大大帝或成吉思汗的帝國那樣曇花一現，它所構築的工業文明與資本主義，使它不由自主地、超越任何人的意志地、不斷向外擴張，尋找原料、市場、土地以及利潤。它的動機根植於人類追求更美好生活那股永無止盡的慾望，所以它的擴張也會永無止盡。它不由自主地，要把全世界納入它的經濟體系、文化體系、價值體系之中。這就是全球化。全球化從哥倫布發現美洲以及葡萄牙人發現新航路的那時候起，就已經展開了，直到現在。任何國家想要抗拒這股前所未有的巨流，都如螳臂擋車，付出慘痛的代價。清末的中國就是最好的例子。如果林則徐知道這股巨流的來龍去脈，他當時絕不會貿然銷毀鴉片，以他的聰明睿智，他會明白當時中國的第一急務是吸收西方文明，而非對抗西方文明。

　　追本溯源，西方文明之所以能稱霸世界，最根本的原因是因為她基本上是個航海文明。由於是航海文明，希臘才能發展出那麼輝煌燦爛的科學文明，由於是航海文明，西方人在宗教的壓制之下，在長達千年的潛伏之後，最後終能重振科學文明，從地中海破繭而出，航向印度洋，航向大西洋，航向全世界。

回顧歐洲文明千年足跡

西方在古希臘時代發展出令人驚嘆的科學文明。這個科學文明奇蹟般地，一個接著一個孕育出熱心探索宇宙萬物奧秘的思想家。他們注視著天空，注視著大海，注視著身邊的一草一木，注視著這些每天都看得到，再平凡也不過的東西，並且思索著它們背後隱藏的自然法則。

就「科學」這個領域而言，古希臘的思想成就遠遠超越同時代地球上的任何其他文明。我們禁不住要問：為什麼在那個時候，在地球上的那個角落會出現如此不可思議的科學文明？答案有兩個。一個是這個文明位於一個得天獨厚的地區——地中海。地中海的優越條件讓古希臘從一開始就發展出以航海和貿易為主的生活方式。航海和貿易為希臘人在數理方面的探索提供了很好的誘因。難怪大部份的希臘思想家都具有數理涵養，難怪柏拉圖要在他的學園的大門口豎立一塊「不懂幾何學的人，禁止進入！」的牌子。

第二個答案是古希臘非常幸運地在地理位置上很接近世界四大古文明其中的二個文明，美索不達米亞文明和埃及文明。這二個古文明無疑為希臘人提供了許多值得模仿和學習的材料。古希臘吸收了這二個古文明的精髓，再加上自己所擁有的獨特條件，因而得以發展出人

類文明史上最重要、最值得大書特書的希臘科學文明。

不過，由於當時奴隸容易取得，使得希臘的思想家缺乏足夠強烈的動機，把他們的心思放在「如何增進人類的生產能力？」這樣的課題上。這可能是希臘的科學文明後來遭遇瓶頸，無法進一步發展的一大原因。

古希臘的科學成就是西方文明中最珍貴的資產，但是當西元三九二年，羅馬皇帝狄奧多西下令定基督教為羅馬帝國的國教時，這個珍貴的資產遭逢了前所未有的嚴酷考驗。因為時代變了。在宗教掛帥，聖經至上的社會中，科學被打入了冷宮，古希臘的學術文獻不是被焚毀，就是被束之高閣，與蜘蛛網為伴，直到伊斯蘭教興起。

伊斯蘭教徒在征服往昔受過希臘文化洗禮的地區時，發現了古希臘的科學文獻。在好奇心與求知心的驅使下，他們請通曉希臘文的專家將所獲得的書籍翻譯成阿拉伯文。伊斯蘭教徒成了希臘科學文明的收容者。

到了十二世紀，這回，希臘文明的遺產竟然又從阿拉伯傳回了歐洲。因為與伊斯蘭教徒有接觸的西方知識份子對翻譯成阿拉伯文的古希臘科學文獻產生了興趣。他們把這些書籍從阿拉伯文翻譯成當時西方各國知識份子共同使用的的語文——拉丁文。

到了十四世紀文藝復興時代，更有一些西方的知識份子向拜占庭帝國的學者學習希臘文，然後將古希臘文

獻直接翻成拉丁文。於是，經過這樣一連串的翻譯運動，被打入冷宮，被棄之如敝屣的古希臘科學文明，現在又重新被恭恭敬敬地迎回西方，並且再度登上西方文明主流的寶座。

就在這個時候，位於地中海最西邊，面臨大西洋的兩個航海探險先進國——葡萄牙與西班牙，先後完成了人類文明史上影響最深遠的兩件大事。那就是發現新航路與發現新大陸。新航路與新大陸帶給西方鉅大且難以估計的利益。他們現在可以直接到亞洲來購買胡椒、香料等歐洲所沒有的珍貴物產，免去了阿拉伯商人的中間剝削。他們在新大陸奪取了價值驚人的金和銀，一船又一船地運回歐洲。他們也在新大陸發現了馬鈴薯、玉蜀黍等農作物，豐富了歐洲人的餐桌。尤其重要的是，他們在新大陸找到了比整個歐洲還要大上數倍的土地，以及在非洲找到價廉物美的黑人奴隸。他們利用這些新獲得的土地與勞力，在新大陸種植甘蔗、棉花、咖啡等經濟作物，創造出源源不絕的財富。

葡萄牙人於一四八八年繞過非洲南端的好望角，發現新航路。哥倫布於四年後，一四九二年首次抵達美洲。工業革命則是發生於一七六〇年左右。換言之，從新航路與新大陸的發現，到工業革命爆發，中間隔了約兩個半世紀。西方人在這兩個半世紀之間，從美洲、非洲與亞洲獲得了、累積了難以估計的鉅大財富。這些財

富一開始雖然落入王室、貴族、冒險者、出資者和殖民者的口袋中，但時間久了之後，大部份的西方人，尤其是臨近大西洋的西歐人，或多或少，或直接或間接，都獲得了利益。這意味著什麼？這意味著到了工業革命爆發的前夕，多數的西方消費者，尤其是臨近大西洋的西歐消費者，與他們兩個半世紀之前的父祖相比，大幅提高了所得，也就是大幅提高了消費能力。

消費能力的巨幅增加，使得生產能力趕不上，這刺激了生產界具有科學知識與發明才能的人，把他們的心思放在「如何增進人類的生產能力？」這樣的課題上。於是各種提高生產力的紡紗機、織布機以及蒸汽機等陸續問世，而且這些生產機械和動力機械不斷改良、不斷提高效能，讓人類的生產力有了十倍、百倍的巨幅提升。工業革命就是這樣爆發的。西方從此由農業社會步入工業社會。

前面提過，古希臘時代的科學文明後來之所以遭遇瓶頸，無法進一步發展，最大的可能原因是當時的科學家缺乏動機把他們的心思放在「如何增進人類的生產能力？」這樣的課題上。但是到了十八世紀工業革命爆發的前夕，這回，「如何增進人類的生產能力？」成為迫在眉睫的課題。這就是為何工業革命沒有在希臘時代發生，而在十八世紀發生的最主要原因。

那麼，同樣是臨近大西洋的國家，為什麼工業革命

在英國爆發，而不是在法國、荷蘭、葡萄牙、西班牙或北歐國家爆發？

　　主要的原因有三個。一個是英國的地理位置絕佳。英國就位於大西洋中，要奪取新大陸的利益非常便利。而且英國孤懸於歐洲大陸之外，歐洲各國常常因為新舊宗教、王位繼承、領土糾紛而引發的戰爭，英國較能置身事外，就算有時捲入其中，也因為地理關係，戰火很難波及英國本土，因此英國比其他歐洲國家較能在和平的環境中發展經濟，厚積實力。

　　第二個原因是，英國在伊麗莎白女王在位時，發覺海上霸權的重要，因而努力建設海軍，終於在一五八八年擊敗西班牙的無敵艦隊，取代西班牙，成為歐洲最強大的海軍國家。英國憑著這個強大的海上武力，在美洲、非洲、亞洲獲得最多的利益。換言之，新航路與新大陸的利益雖然是由葡萄牙與西班牙這兩個航海探險先進國所開創出來的，但最後卻是由海上武力最強大的英國，獲得最豐碩的成果。這個最豐碩的成果成為英國工業革命的極重要條件。

　　至於第三個原因。我們翻開世界近代史便可知道，絕大部份的國家在工業化時，都是從輕工業開始啟動，尤其是從紡織業開始。為什麼呢？因為不分貧富貴賤、男女老少，人人都需要穿衣，紡織品的市場龐大，極適合工業化，而且紡織業的工業化在技術上比較不那麼困

難。英國由於盛產羊毛，長久以來是歐洲首屈一指的毛紡織工業國家，也是歐洲毛紡織品的出口大國。因此人類文明史上第一個工業革命在英國爆發，而且是在英國的紡織業這個領域爆發，就英國在工業革命之前就已經是毛紡織工業大國這點來看，勿寧是理所當然。

那麼，中國爲什麼沒有發展出像古希臘那樣的科學文明呢？中國爲什麼沒有像英國那樣爆發工業革命呢？

中國基本上是大陸農業文明，因此中國人不善於航海，而且由於中國幅員廣大、物產豐富，能夠自給自足，所以中國也不太熱衷與外國貿易。古希臘人需要且善於航海、貿易，中國人則不需要且不善於航海、貿易。這造成前者喜歡四處冒險、探索眞象、尋找新的獲利機會，後者喜歡安定、不變、秩序井然的生活。

兩種截然不同的地理環境，發展成兩種截然不同的生活方式、價值觀、人生觀與文明特質。中國沒有發展出西方那樣的科學文明，以及沒有發生自發性的工業革命，可說是地理環境注定的。

然而，即使生活方式、價值觀、人生觀與文明特質如此迴異，中國仍有可能擁有科學文明與工業革命。那就是透過接觸與文化交流，引進、吸收、模仿西方的科技知識與科技成果。事實上，在工業革命還沒在英國爆發之前，在明末清初的時期，中國曾經有兩次引進西方科技文明的機會，可惜這兩次機會都因爲某些不利因素

的阻擾而一一喪失。本書的最後一章，就來探討這兩次
機會是怎麼產生，又是怎麼喪失的。

Chapter 7. 1600～1838
中國的機會

羅耀拉創立耶穌會

　　哥倫布西航探險的前一年,也就是一四九一年,有
一位重要人物誕生在西班牙。他的名字叫羅耀拉
(Ignacio de Loyola, 1491-1556)。羅耀拉生於騎士家庭,
三十歲之前,他過著普通的軍人生活。一五二一年,羅
耀拉在一場戰役中負重傷,腳骨碎裂。在醫院長期療養
期間,為了打發時間,本來不太讀書的羅耀拉,向醫院
的圖書室借了兩本與基督教有關的書,一本是《基督的

生活》，一本是《聖者傳》。沒想到這兩本書有如暮鼓晨鐘，讓他的思想有了極大的改變。他的人生從此有了新的方向。思想頓悟的那一夜，羅耀拉跪在床前向天發誓，從今以後要成為耶穌基督與聖母的戰士。

耶穌會創始人羅耀拉的木雕像，羅耀拉於死後66年(1622年)被教會追封為聖徒。

康復後，羅耀拉與家人訣別，進入一所修道院，脫去騎士服，改穿朝聖者服，到附近的小鎮過了八個月的贖罪生活。他時而絕食，時而鞭打自己，每天睡不到四小時，以洗滌三十歲前的罪惡人生。

一五二三年，羅耀拉獨自到耶路撒冷朝聖，並打算向伊斯蘭教徒傳教，但當時佔領耶路撒冷的土耳其人不准基督徒在境內傳教。居住在耶路撒冷的基督徒怕羅耀拉惹事，連累他們，便趕緊把他勸走。

羅耀拉回到西班牙後，開始從事傳道工作，但並不很順遂。在經過種種挫折之後，他發覺一個好的傳教士除了要有虔誠的信仰之外，還要有說服力，而傳道要有說服力，首要條件是傳道者本身必須具備豐富的學識，才能旁徵博引，言之有物，才能打動人心。於是他入神學院，以充實自己的學力，修了兩年的拉丁文與教養學科，還結交了兩位志同道合的朋友。這三人就成了後來發展為龐大組織的核心。

一五二八年他們赴巴黎，吸收和他們有共同理想的成員。一五三四年，羅耀拉與六位同志立下誓言，要赴耶路撒冷朝聖，並向土耳其人與異教徒傳福音。後來他

們雖然沒有去成，兩年之後，加入三位新同志，羅耀拉決定成立一個正式的組織。

一五三七年，羅耀拉等人赴羅馬。他們於一五三九年向教宗提出請願，希望能設立一個修道會，翌年獲得教宗同意，這個修道會就是歷史上有名的「耶穌會」。

耶穌會的紀律非常嚴明，有如一支訓練有素的軍隊。會員絕對服從會長與教宗的命令，只要會長一聲令下，世界上任何一個角落，不管再怎麼蠻荒，再怎麼危險，會員都會抱著赴湯蹈火的決心立即前往。耶穌會對會員的要求很高，入會審查非常嚴格，想要入會的人必須通過三個試煉。第一個試煉是先花兩年的時間朝聖、托缽以及在醫院奉獻服務。第二個試煉是研究學問。以八年的時間研究人文、哲學和神學。第三個試煉是一年的靈修。通過這三個試煉且成績特別優秀的人才可派出國外傳教。因此能夠出國傳教的耶穌會傳教士，無論在學識上，或品格上，都具有高度的水準，不是一般傳教士可比。

耶穌會士在中國

耶穌會注定要和葡萄牙結盟。因為耶穌會很想將基督教傳播到西方以外的世界，而葡萄牙正是將西方勢力向外擴張的急先鋒。

葡萄牙人繞過非洲南端，發現新航路後，開始向亞

洲進軍。他們於一五一○年征服位於印度西岸的臥亞（Goa），一五一一年佔領馬來西亞西南部的麻六甲，並於一五一七年抵達中國東南沿岸。

到了中國之後，葡萄牙人開始在廣東、福建、浙江沿岸海港從事貿易。一五五七年，葡萄牙人因討伐海賊有功，廣東當局允許他們在澳門居住。此後，澳門成為葡萄牙人在東方貿易的根據地。

葡萄牙人到亞洲來，除了追求利潤之外，也想讓亞洲人變成基督徒。因此，當葡萄牙國王約翰三世（John III, 1502-1557）聽說羅耀拉所組成的團體對傳教事業非常熱心，便派人與他們接觸。雙方一拍即合，達成在亞洲開創傳教事業的共識。葡萄牙提供船與資金，耶穌會則提供勇往直前，將個人生死置之度外的傳教士。就這樣子，耶穌會的傳教士從里斯本搭著葡萄牙的船來到印度，然後又從印度來到澳門，並以澳門為傳教的基地。

耶穌會總會長派遣范禮安（Valignano, 1538-1606）到亞洲巡視傳教成果。一五七八年，范禮安抵達澳門，他對當地的傳教方式不甚滿意。范禮安認為要把中國變成基督教國家，最有效的方法是先讓中國的皇帝成為基督徒。往昔羅馬帝國豈不就是因為羅馬皇帝先成為基督徒，而後羅馬皇帝才下令定基督教為國教的嗎？如果耶穌會的傳教士能接近中國皇帝，設法讓中國皇帝接受基督教，那麼中國成為基督教國家就水到渠成了。

於是范禮安從印度喚來耶穌會傳教士利瑪竇（Matteo Ricci, 1552-1610）、羅明堅（Ruggieri, 1543-1607）和巴範濟（Pasio, 1551-1607），告訴他們自己的構想。

不過，當時耶穌會面臨一項難題，那就是明朝實施鎖國政策。這個政策讓耶穌會的傳教士只能在澳門居留，進不了中國內地。如果傳教士不能進入中國內地，怎麼到得了首都北京呢？到不了北京，怎麼接近中國皇帝呢？

好在這時候，新上任的兩廣總督陳瑞為不得其門而入的耶穌會傳教士開了一扇門。陳瑞貪財，他認為與澳門的葡萄牙人貿易有厚利可圖，因而允許澳門派使節到他的任地肇慶。

一五八二年年底，羅明堅與巴範濟抵達肇慶，送總督陳瑞每十五分鐘就會響一次的自鳴鐘，陳瑞非常高興，准許他們在肇慶居住、傳教。羅明堅與巴範濟以為這下子總算可以在中國大展抱負了，沒想到陳瑞不久就被免職，並調回北京。陳瑞在出發前，要求兩人離開肇慶，羅明堅與巴範濟只好收拾行李回澳門。巴範濟失望之餘，轉赴日本。

繼陳瑞之後上任的兩廣總督郭應聘也是個貪財之人。他聽說若允許西方傳教士來肇

明神宗，為明朝第十三個皇帝，年僅十歲即登基，在位48年，為明朝在位最久的皇帝。早年由張居正輔政，致力改革，但晚年怠於朝政，間接導致明朝後期積弱不振。

慶居住的話，可以獲得西方的珍奇寶物，便託人帶信到澳門表達歡迎之意。一五八三年九月，羅明堅與三十一歲的利瑪竇抵達肇慶。他們送上珍奇的西洋禮物之後，在肇慶東郊獲得土地，並在那兒蓋了一棟教堂。可是他們把教堂蓋得太美了，以至於後來遭到旁人的覬覦。

羅明堅於一五八九年回里斯本。利瑪竇則繼續留守肇慶。在肇慶的期間，利瑪竇發現中國的讀書人在社會上的地位很高，他們對民眾有相當大的影響力，而且利瑪竇也發現讀書人對西方的自然科學有濃厚的好奇心。因此利瑪竇確立了兩項戰略，一、先抓住讀書人，讓讀書人成為基督徒，再透過讀書人影響民眾。二、用西方的科學來吸引讀書人。

利瑪竇從澳門的葡萄牙人那兒拿到時鐘、三稜鏡等西方的科技產品，自己也製造了天體儀、砂漏等儀器。當有中國人來到利瑪竇的住處拜訪時，他就把這些西方科學的結晶拿出來，在客人面前操作，說明它們的功能，讓客人對西方文物產生驚奇、欽佩的心理。利瑪竇還製作了一幅世界地圖，懸掛在客廳。這應該是自古以來首度在中國出現最接近真實狀況的世界地圖。看到這幅地圖的中國人首度發現原來世界是這個模樣，並且經由利瑪竇的解釋，他們也首度知道原來地球是圓的。

一五八九年，新任兩廣總督為了霸佔耶穌會在肇慶的漂亮教會，命令利瑪竇等人離開肇慶，前往韶州。利

瑪竇只好搬到韶州，並吸取教訓，在那兒蓋了一棟很樸素的房子。一五九五年，利瑪竇前往南昌。他以西方科學和西方機器獲得江西巡撫陸方垓的友誼，陸方垓還允許利瑪竇在南昌購地蓋屋。

　　一五九八年，利瑪竇在韶州結交的朋友王忠銘被任命為南京禮部尚書，王忠銘邀請利瑪竇赴南京。同年六月，利瑪竇赴南京，但王忠銘人尚在北京，於是利瑪竇以尋訪王忠銘為理由，前往夢寐以求的北京。抵達北京後，利瑪竇住在王忠銘的住處。但是不久王忠銘前往南京赴任。利瑪竇一個人在北京人生地不熟，只好也於一五九九年到南京。

　　一六○○年，利瑪竇透過一位武官的安排，與西班牙籍傳教士龐迪我（Pantoja, 1571-1618）一起上北京，不料卻在中途被天津稅監馬堂扣留，軟禁於天津。馬堂是個宦官，他想討好當時的中國皇帝神宗萬曆帝（aetive. 1572-1620），便一面軟禁利瑪竇等人，一面上奏說有洋人千里迢迢帶著西方的珍奇禮物要進獻給皇帝。萬曆帝每日待在無聊的紫禁城裡，自然想看看珍奇禮物是什麼樣子，便命令馬堂將利瑪竇等人護送至北京。一六○一年，四十九歲的利瑪竇終於再度進入北京。

　　利瑪竇送給萬曆帝天主畫像、聖母畫像、鑲有寶石的十字架、三稜鏡、自鳴鐘、西洋琴、玻璃鏡、砂漏、世界地圖和基督教經典。但是禮部對西洋人不經由禮部

卻經由宦官獻禮物給皇帝很不以爲然，主張將洋人趕回國。由於禮部的反對，萬曆帝沒有召見利瑪竇等人。但萬曆帝很喜歡自鳴鐘，常帶在身邊，並派宦官去傳教士那兒學習西洋琴的彈法，而且還允許傳教士在北京購屋，甚至每月支付米與銀給利瑪竇等人。利瑪竇的禮物攻勢獲得了極佳的效果。他雖然沒能見到萬曆帝，但卻獲得萬曆帝的許可，在北京設立耶穌會的傳教基地。

利瑪竇對中國的貢獻

由於萬曆帝的允許，利瑪竇在北京蓋了一座教堂。一六〇五年教堂落成之後，經常有知名的讀書人來拜訪。在利瑪竇所交往的人士當中，最有名的就是徐光啟（1562-1633）與李之藻（?-1631）。

徐光啟是江蘇人。一五九六年，他認識了一位耶穌會教士而知道基督教。一五九九年，他在南京認識利瑪竇，並且於一六〇三年受洗成爲基督徒。由於徐光啟以及南京的一些官員對西方的科學有興趣，利瑪竇便開始教授他們數學、天文學與地理學。

前面曾提過，耶穌會對會員的素質要求很高，每位派到海外的傳教士都具有相當厚實的學識基礎。利瑪竇也不例外，他畢業於耶穌會的羅馬學院。當他在羅馬學院學習時，一位日耳曼數學家，同時也是耶穌會教士的克拉比維斯（Clavius, 1537-1612）教他數學與其他自然

利瑪竇和其他耶穌會教士一樣，博覽群書精通神學、文學和科學，為中西方文化交流的大功臣。

科學。克拉比維斯著有一本初等算術的教科書以及一本與歐幾里得幾何學有關的教科書。利瑪竇到中國後，就拿他的老師的教科書來教中國的讀書人。他一面教，一面在徐光啟的協助下，把教科書翻成中文。

他們先翻譯完歐幾里得幾何學，以《幾何原本》為書名（六卷）於一六○七年在北京出版。這本書很受歡迎。當利瑪竇去世時，其他在北京的耶穌會傳教士向皇帝請求賜地安葬，宦官認為無此前例而反對，那時候，吏部尚書兼東閣大學士葉向高出面說：「利瑪竇翻譯《幾何原本》一書，光是憑這件事，就應該賜他葬地了。」由此可見這本書受到當時有識之士的重視。

《幾何原本》於一六二九年被利瑪竇的弟子李之藻收在他所編的《天學初函》之中。也於一七二一年被收在方中通所編的《數度衍》之中。並於一八六五年被曾國藩於南京出版。至於另一本克拉比維斯的初等算術教科書，則被李之藻於一六一四年以《同文算指》（十一卷）為書名，在北京出版。《同文算指》的第一部內容是闡述加減乘除的法則與分數的理論，第二部的內容則是闡述比例與開根方。這本書也收在李之藻所編的《天學初函》之中。

除了翻譯之外，利瑪竇還寫了一本關於實用幾何學的書《測量法義》（一卷），以及一本闡述圓的內接圓與外接圓理論的書《圜容較義》（一卷）。

利瑪竇除了將西方的數學介紹給中國人之外，還將大航海時代之後，西方人所知道的最新世界地圖介紹到中國。以往，中國人雖然印了很多以「天下總圖」為名的世界地圖，但是那些地圖都把中國畫成唯一的大陸，中國的四周是海，海上是一些零零散散的島嶼，這些島嶼全部加起來也沒有中國一個省大。中國人一直認為中國很大，世界的其餘部份很小。這樣的空想強化了中國人的自負心，並且讓中國人以為中國是文明的中心，世界的其他地方都是野蠻而沒有文化，因而不值得去關心、不值得去探討。所以當利瑪竇展示西方的世界地圖時，大家都覺得不可思議。

徐光啓除了和利瑪竇合譯《幾何原本》之外，他還領導中國曆法修正工作，以及撰寫《農政全書》。

一五八四年，利瑪竇決定將他掛在客廳的世界地圖譯成漢文，以打破中國人夜郎自大的迷思。這地圖由他的中國朋友王泮印刷，名稱是「山海輿地全圖」。一些中國人看見地圖裡的中國只佔世界一部份，相當不以為然。但是也有些中國人相信了這個畫有經緯線的世界地圖，修正了他們幼稚的世界觀。

一六○○年，利瑪竇在南京時，將王泮版世界地圖修訂後，交由南京吏部主事吳中明出版。可惜修訂前後的「山海輿地全圖」，現在一幅都找不到了。一六○二年，工部員外郎李之藻以利瑪竇的原稿為本，在北京刊行「坤輿萬國全圖」。這圖現在存於

245

梵諦岡圖書館、日本京都大學圖書館和日本宮城縣立圖書館。這圖連日本都擁有兩幅，可見當初李之藻應該印了不少。

一六一○年，利瑪竇在北京去世，享年五十七歲，總計他在中國渡過二十七年。他對中國的貢獻良多，不是吸收了多少信徒，而是他把西方科學發展史中極具重要地位的歐幾里得幾何學、算術，以及西方冒險家經過無數次出生入死的探險而累積的最新世界地理知識，毫不吝惜地介紹給中國人。

這是中國的第一次機會。徐光啓與李之藻是當時中國第一流的知識份子，他們兩人向利瑪竇吸收了很多西方科學知識，並與利瑪竇合譯了西方數理書籍，他們對西方科學的認識可說遙遙領先當代其他中國人。他們又都是朝廷的大官，尤其是徐光啓，他在一六三三年升任太子太保兼文淵閣大學士，以他這樣的地位，應該有很多機會向皇帝建言。他若能說服皇帝帝採取更積極引進西方文明的作法，例如，在北京設立外語學院培養外語人才，或要求耶穌會介紹更多人才到中國翻譯西方書籍，或派人搭葡萄牙船到西方考察。當時若能採取這些積極的作法，那麼中國或許可以提早兩百年覺醒，在西方各國還沒有發動工業革命之前，發現自己其實並不那麼了不起，發現自己在很多方面必須急起直追。

然而歷史並沒有朝這個方向發展。爲什麼呢？或許

幾何原本書影。《幾何原本》是第一部譯為中文的西方科學著作，雖然只譯出前六卷，但已達到幫助中西科學思想交流的作用。

徐光啓與李之藻還無法真正了解西方科技對中國的重要性。他們哪想得到兩百年後，中國正因爲科技不如人，而淪落爲世界各強權國家瓜分爭食的對象？

徐光啓與李之藻之所以無法發揮扭轉乾坤的影響，還有一個可能的原因是當他們的官位夠大的時候，明朝已經因爲內憂外患而搖搖欲墜了。崇禎帝（active. 1627-1644）以及他的文武大臣面對張獻忠、李自成以及滿清大軍，已經窮於應付了，怎麼還有心情去思考無關眼前燃眉之急的事？

無論什麼原因，中國在明朝，失去了第一次積極引進西方文明，讓自己脫胎換骨的機會。所幸沒多久，第二次機會來了，而且這回成功的可能性似乎比第一次大得多。第一次的主角是徐光啓與李之藻，第二次則是由清朝第四位皇帝康熙（active. 1661-1722）挑大樑。

中西交流的第二次機會──勤學的康熙皇帝

眾所周知，康熙是清朝歷任皇帝中最具恢宏識量和智慧的一位。不，不只限於清朝，就算拿唐朝的唐太宗、漢朝的漢武帝來比較，康熙一點兒也不遜色。

康熙八歲即位。十四歲時開始親政。一六七三年，康熙遭逢他生平第一次、也是最大一次挑戰。平西王吳三桂、平南王尚可喜和靖南王耿仲明聯手起兵造反，史稱「三藩之亂」。三藩的勢力一下子就推進到長江，佔

康熙像。康熙皇帝從小嗜書如命，讀通四書五經，對西洋現代科學也極為嚮往，博通數學、化學、天文、地理、兵器、醫學等領域。

據了半個中國，連四川、陝西都有人起兵響應。

面對這樣的強敵，康熙決定採用西方的先進武器——大砲來對付。

首先在戰場上使用西方大砲的不是清朝，而是明朝。一六一八年，清兵攻陷撫順，萬曆皇帝大驚，命徐光啟練兵。徐光啟跟傳教士來往密切，知道西方大砲威力強大，就請耶穌會教士羅如望、李瑪諾、龍華民、艾儒略、畢方濟等人到北京造大砲。崇禎皇帝在位時，也命令耶穌會教士湯若望（Schall von Bell，又名 Adam Schall, 1591-1666）鑄造大砲。湯若望在宮殿附近建設鑄砲工廠，鑄造出二十門大砲，還造了五百門可由兩人扛在肩上的小型砲。這些砲運到遼西各城，對抗清軍。袁崇煥防守寧遠城時，使用西洋大砲，戰果輝煌。據說一六二六年，清太祖努爾哈赤在攻擊寧遠城時就是被大砲打傷不治而死。

西洋大砲嚴重阻礙了清軍的攻勢。不料，後來明軍將領孔有德、耿仲明向清投降，清人得以獲得這些明軍所持有的大砲與大砲的鑄造技術，並開始鑄造大砲，反過來攻擊明軍。清人對西洋大砲有如此刻骨銘心的體驗，因此當三藩之亂爆發時，康熙自然會想起這個曾讓他的父祖大傷腦筋的西洋武器。

一六七四年，康熙命比利時籍耶穌會教士南懷仁（Verbiest, 1623-1688）製造大砲。南懷仁將往昔湯若望

248

使用過的鑄砲工廠修復，於一六七五年製成大砲一門，在蘆溝橋試射，試射成功，開始量產，二年內製造一百二十門。一六八一年，南懷仁又製造出新式大砲三百二十門。康熙率王公大臣赴現場觀覽試射，結果試射都能準確命中目標。康熙很高興，對南懷仁說：「你先前製造的大砲在陝西、湖廣、江西等地已顯現效果，這次製造的大砲更好。」說完，就將身上穿的貂皮大衣脫下，賜給南懷仁。皇帝將身上的大衣當場脫下賜給臣下，這是非常罕見的事，可見康熙當時何等高興，因為他知道他已經掌握了打贏這場仗的強力武器。康熙並於翌年（一六八二年）賜南懷仁工部右侍郎銜。「銜」不是實際的職位，但享有同等的待遇。南懷仁幫助康熙保住江山，這樣的回報並不為過。

康熙不僅命南懷仁造大砲，還向他學數學。為了教康熙數學，南懷仁將《幾何原本》翻成滿文。南懷仁覺得康熙是個聰明睿智的皇帝，而且對西洋科學有興趣，對基督教有善意，這非常有利於傳教工作，因此寫信給耶穌會總會長，要求增派傳教士到中國。法國國王路易十四世與宰相科貝爾知道這個訊息後，便計畫派法國傳教士團到中國，以為將來法國在中國的發展鋪路。

一六八五年，六名法國耶穌會傳

湯若望。湯若望神父是中西文化交流史上的偉大人物，尤其對中國科學發展有卓越貢獻。他也是中國初期傳教史上三大奠基人之一。

平三藩火炮之一，神威無敵大將軍砲，特點是前細後粗，製於康熙十五年。

教士搭船從法國出發，其中一位在泰國下船，其他五位，洪若翰、白晉、李明、張誠與劉應於一六八七年抵達定海。康熙從南懷仁那兒得知這些法國傳教士與南懷仁同屬耶穌會且富科學造詣，便下旨要這些傳教士上北京。一六八八年二月，五名法國耶穌會傳教士抵達北京。但他們的前輩南懷仁已於一月二十九日去世。

康熙召見他們之後，讓張誠（Gerbillon, 1654-1707）與白晉（或稱白進 Bouvet, 1656-1703）留在北京，其他傳教士則允許到各省傳教。

康熙在南懷仁去世後，想繼續向張誠與白晉學數學。張誠與白晉先花九個月學滿洲話，然後把歐幾里得與阿基米德的初等幾何學與應用幾何學翻成滿文，再以此為教科書。康熙很好學，四、五個月，就把歐幾里得幾何學的主要定理熟記在心，一看到圖形，就能立即想出相關的定理與證明。他還現買現賣，教自己的幾個兒子幾何學。康熙覺得數學是一門很重要的學問，因此於一七一三年，在暢春園的蒙養齋設立算學館，挑選八旗世家子弟學習數學，並下旨在欽天監（國家天文台）任職的西洋人傳教士到算學館兼任教師。

康熙不僅埋首紙上的理論，而且還常常實際測量球體的重量與直徑的比例，也實際測量圓筒形、圓錐形、多錐形、楔形的比例與容積。數學學到一個程度之後，康熙還學習靜力學與天文學。接著，康熙想學西洋醫

學。張誠與白晉以當時歐洲首席醫學者賓茲（du Vernez, 1648-1730）的《解剖論》為教材，向康熙講解解剖學。白晉將賓茲的這本著作翻譯成滿文，獻給康熙，但康熙覺得此書對社會風俗有負面影響，而禁止出版。

　　康熙覺得收穫很多，想學更多的西洋科學，便派白晉為「欽差」，於一六九七年，攜帶漢籍四十九冊，回法國獻給法國國王路易十四，並招聘十名傳教士，於一六九九年回到中國。新來的耶穌會傳教士中，有馬若瑟、雷孝思、巴多明等人。康熙向其中的巴多明學醫學。巴多明採用狄翁斯德（Dionisd）的著作為教材進講。他還花了五年的時間翻譯這本書。但是康熙不讓這本書公開刊行，只命人抄寫三部，分別秘藏於北京的文淵閣、暢春園、熱河的避暑山莊。

　　綜上所述，康熙是清朝歷代皇帝中最英明睿智，同時也是對西方學術最好奇，對西方傳教士最友善的皇帝。康熙對西方科學的理解應該不下於徐光啓與李之藻，因為康熙擁有包括南懷仁、張誠、白晉和巴多明等好幾位洋老師。這些洋老師和明朝的利瑪竇一樣，都是經過耶穌會嚴格訓練，學養深厚的一流知識份子。康熙從他們那兒學到當時歐洲最先進的數學、物理學、天文學、醫學等領域的學問。另外康熙還親眼目睹南懷仁試射威力強大的西洋大砲，並且拿到戰場上使用後證明效果非凡。因此，康熙可以說是當時所有的中國人當中最

了解西方科學，最明白西方武器屬害的一位。

這是上天給中國最好的一次機會，讓全中國最有權力的人獲得西方科技知識。這位全中國最有權力的人，如果他對西方科技的重要性有深刻的體認，如果他認為那是中國文明裡所欠缺而必須努力學習的，那麼他是否可能利用他至高無上的權利，積極引進西方科技文明，讓中國也和西方國家一樣，成為科技大國呢？

答案是肯定的。事實上，如前所述，康熙曾主動派遣白晉為「欽差」，攜帶漢籍四十九冊，回法國獻給法國國王，並招聘十名傳教士回中國。這充份表現出康熙有積極引進西方科技，以及與西方國家建立友好關係的打算。如果循著這條線往前推進，耶穌會可以在中國得到更多的傳教自由，中國也可以透過耶穌會傳教士，引進更多的西方知識，雙方可能有皆大歡喜的結果。

然而，事情並不是如此發展，可能的原因有兩個。首先，康熙可能有私心，不願讓漢人獲得太多的西洋知識。否則，為什麼康熙於一七一三年，在暢春園的蒙養齋設立算學館，挑選八旗世家子弟學習數學，卻沒有把這麼重要的事推廣到漢人社會呢？他自己學過西方的數學，知道這門學問的重要性，所以才會要求統治階層的滿人子弟也學習數學。但他卻沒有要求漢人也學這門學問。他沒有在全國普設算學館，也沒有在科舉中加考數學。他是否認為漢人只須學習儒家的經典，做個乖乖的

順民就好呢？面臨漢人遠多於滿人的現狀，康熙是否會為了讓滿人永遠居於統治優勢，而只讓高層滿人學習數學，強化他們的邏輯推理能力呢？

第二個可能的原因是祭拜儀式問題。

祭祖祭孔算不算迷信，要由教宗決定

在當時的中國，一般家庭會在特定的日子，以魚肉水果祭拜祖先。每個月的初一、十五，讀書人與地方官員也會到孔廟點燭燃香，祭拜至聖先師孔子。

中國人把祖先與孔子當成神明祭拜嗎？如果是當成神明祭拜，那就與基督教的教義違背。因為基督教認為全宇宙只有一個真正的神，那就是基督教的耶和華，其他宗教所信仰的神都是冒牌貨，甚至是邪惡的。基督教的傳教士到全世界各地傳教就是要各民族放棄他們的冒牌神、邪惡神，改信基督教真正的神。

基督教的中國傳教之祖利瑪竇，在中國生活一段時日之後，發現一般中國人有祭拜祖先，讀書人有祭拜孔子，皇帝也有祭拜天地的習俗。如果把這些習俗當成違反基督教的戒律，那麼就必須要求中國基督徒放棄這些習俗才行。但是利瑪竇發現要中國人放棄這些習俗實在困難重重，因此利瑪竇務實地採取妥協的傳教方式。他把中國人祭拜祖先視為他們對祖先的感謝與懷念，把讀書人祭拜孔子視為他們對這位偉大的學者表達尊敬之

意。換言之，利瑪竇允許中國基督徒祭拜祖先與孔子。

明末的知名讀書人徐光啓、李之藻、楊廷筠等人之所以順利信仰基督教，就是因為當時的耶穌會傳教士允許他們和一般中國人一樣祭祖拜孔。如果他們因為信仰基督教，而不再祭祖拜孔，可以想像，他們一定會被周遭的親戚、朋友、鄰居、長官、同事視為大逆不道而遭到排斥，他們將很難見容於這個社會，因為祖先和孔子在當時的中國社會是何等崇高。

由於採取妥協的傳教方式，以利瑪竇為首的耶穌會傳教士因而得以進入中國人社會，甚至進入宮廷。

但是一六三一年之後，道明會、方濟會和奧古斯汀遜會等西方的修道會來到中國後，事情就沒那麼單純了。這些修道會看見領先他們來到中國傳教的耶穌會，在中國已經擁有相當的信徒，而且還與中國的朝廷維持很親密的關係時，不免心生嫉妒。因此當他們發現耶穌會竟然允許中國人在信了基督教之後，還祭天、拜祖、祀孔時，便覺得抓到了耶穌會的尾巴，而展開攻擊。

新來的修道會認為中國人的祭天、拜祖、祀孔是迷信，是宗教行為，耶穌會則努力辯稱，那些祭拜儀式只是中國人的風俗習慣，而非宗教行為。雙方公說公有理，婆說婆有理，沒有交集，最後鬧到羅馬教宗那兒去，由教宗裁決。

一六四三年，道明會的傳教士摩拉雷斯（Morales）

首先到羅馬向教宗告狀。翌年，教宗英諾森十世發敕書給他，判定中國的祭拜儀式是迷信。一六四九年，摩拉雷斯得意洋洋地拿著這敕書回中國向其他傳教士宣告。耶穌會不甘示弱，於一六五一年派遣傳教士到羅馬陳述耶穌會對這個問題的看法。這位傳教士的陳述發揮了效用，教宗亞歷山大七世於一六五六年的敕書中肯定耶穌會在中國處理祭拜儀式的方式。就這樣，教廷自己也拿不定主意，一會兒說中國的祭拜儀式是迷信，一會兒又說不是。

接著，羅馬教廷命巴黎外國傳教會一位正在福建的傳教士顏當（Maigrot）對中國的祭拜儀式作調查報告。顏當在一六九三年的報告中指出，教宗亞歷山大七世的敕書與事實不合。耶穌會趕緊針對顏當的報告提出異議。問題依舊難解。

為了徹底解決這個問題，羅馬教廷於一六九九年由樞機主教組成中國祭拜調查會。在這個調查會還沒得出結論之前，一七○四年，羅馬教廷又派使節多羅（Tournon）到中國調查祭拜儀式問題。沒想到多羅剛出發沒多久，調查會就得出結論，認為中國的祭拜儀式是迷信。教宗克雷芒十一世根據這個結論，發佈敕書禁止中國人基督徒參加中國的各種祭拜儀式。教宗並派人追上已經前往中國的多羅，要他把前述敕書的內容告訴在中國的傳教士。

多羅於一七○五年經澳門抵達北京。此時，已有耶穌會傳教士告訴康熙，多羅此行的目的是要禁止中國人基督徒參加中國的各種祭拜儀式。康熙很不高興，命令多羅儘速返回義大利。此外，康熙還把巴黎外國傳教會傳教士顏當從福建叫到北京。顏當抵達北京後，康熙派官員去他的住處，要他從孔子的教義裡面找出與基督教教理相違背之處。顏當與多羅商量一番之後，從中國的古書之中，找出了五十條與基督教教理相違背之處，抄錄之後，上呈給正在熱河避暑的康熙。

　　康熙把顏當叫到熱河，試圖說服對方容許中國的基督徒祭天、拜祖、祀孔，但顏當堅持不妥協。康熙深覺懊惱，指著皇座上方懸掛的一幅扁額，說：「這四個字，你唸唸看！」中文造詣不是很好的顏當只會唸其中的兩個字，康熙勃然大怒，認為對方連中國的文字都認不到幾個，就敢對中國傳統的風俗習慣妄加批評。於是康熙下令把顏當與多羅驅逐出境，並且下令今後允許中國信徒參加傳統祭拜的傳教士，才可在中國居住，其他的傳教士則驅逐出境。

　　此時，多羅正從北京南下途中，聽到這個消息後，便宣佈在中國從事傳教的傳教士不得讓信徒參加中國各種傳統的祭拜，若有違反者，將會被剝奪教籍，逐出教門。康熙聽到後，非常憤怒，命令澳門的葡萄牙人監禁多羅。多羅在澳門被監禁了三年，於一七一○年死在當

地。多羅的死訊傳到羅馬後，引起教廷的不快，於一七一五年再度發佈敕書確認中國的祭拜爲迷信。

　　就這樣，康熙與羅馬教廷爲了祭拜儀式問題，鬧得非常不愉快。康熙本來對基督教頗有善意，甚至曾經要求西方增派傳教士到中國，但經過祭拜儀式問題的不愉快經驗，他開始對對基督教與西洋產生戒心。

　　如果他容許傳教士在中國自由傳教，而且也容許中國信徒放棄祭祖祀孔，那麼將來中國人基督徒愈來愈多時（利瑪竇從澳門前往肇慶的翌年，也就是一五八四年，中國的基督徒人數爲三人。到了一六七〇年時，增加到二七三，七八〇人），拒絕祭祖祀孔的人也愈來愈多。祖先與孔子的地位在中國無比崇高，若有相當人數的中國人放棄祭祖祀孔，勢必會動搖這個中國最根本、最重要的傳統價值，甚至可能發生信徒與非信徒之間的嚴重對立，中國或許會因而陷入長期的分裂與動盪。這不但不是康熙所樂於見到的結果，也不是他所能承擔的歷史責任。更何況羅馬教宗在西方的地位往往凌駕於各國國王之上，如果將來中國基督教化，中國皇帝是否也必須聽命於羅馬教宗？或者，萬一將來有一天中國皇帝與羅馬教宗爲敵，中國的基督徒是效忠皇帝，還是效忠教宗？教宗是上帝在人世間的代理人，一般的基督徒恐怕會選擇效忠教宗。

　　透過傳教士引進西方科技文明固然是康熙所願意

的，但是若必須因而付出上述種種可能的代價，康熙只有踩煞車一途了。

就這樣子，道明會傳教士摩拉雷斯的告狀，加上羅馬教廷堅持中國基督徒必須放棄祭祖祀孔，不僅破壞了利瑪竇以來的妥協務實的傳教方針，同時也破壞了中國引進西方科技文明的第二次，也是最好的一次機會。

雍正帝的禁教

康熙皇帝去世之前，指定第四皇子，也就是後來的雍正皇帝（aetive. 1723-1735）為皇位繼承人。但是雍正即位後，第八皇子、第九皇子、第十皇子和第十四皇子暗中聯合，想推翻雍正。雍正棋高一著，把這幾個弟弟殺的殺，關的關。

在此之前，耶穌會傳教士穆敬遠（Mourao, 1681-1726）對第九皇子有很高的期待，因為第九皇子對基督教頗有好感，第九皇子若能繼位，必定會對耶穌會在中國的傳教工作採取更友善、更寬容的政策。因此康熙在世時，穆敬遠就想盡辦法要影響康熙指定第九皇子為皇位繼承人。康熙去世的的時候，穆敬遠正在澳門，他得知擁立第九皇子的事已近乎無望，但仍執意赴北京，作最後的一搏。結果穆敬遠被逮捕，和第九皇子一起被流放到甘肅。可是穆敬遠到了甘肅，還不死心，還繼續策劃推翻雍正。後來雍正派人暗殺第九皇子，並將穆敬遠

押到北京後處死。

外國來的傳教士竟然敢干涉中國的皇位繼承，還企圖推翻皇帝，這件事當然讓雍正生氣。本來在祭拜問題上，中國皇帝就已經與羅馬教廷搞得非常不愉快，若非雙方距離遙遠，恐怕早就大動干戈。現在又加上傳教士干涉皇位繼承，使得雍正對基督教更加沒有好感。

一七二三年，浙閩總督滿保認為福建省的西方傳教士鼓惑人心，破壞自古以來的善良風俗，是一種邪教。因此上奏雍正，建議只留下對國家政務有幫助的傳教士，例如任職於欽天監的傳教士，其他散居在各省的傳教士，對中國沒有用處，應該送到北京集中管理或驅逐到澳門。雍正把滿保的上奏文交給禮部討論，禮部討論之後，也認為應該把對中國有用的傳教士全集中到北京，其他沒用的傳教士則驅逐到澳門。雍正也同意了，下令照辦。這就是雍正的禁教政策。

關上與西方交流的大門

雍正去世後，乾隆即位。乾隆（aetive. 1736-1795）和康熙一樣，對西方的科技有興趣，但兩人不同的是，康熙求知慾強，對西方的學理有興趣，會主動要求傳教士教他數學、物理和醫學等，乾隆卻只對西方的科技產品有興趣。例如，有一次他在圖片裡看到西方的噴水池，便把傳教士找來詢問那是什麼東西，然後要求傳教

雍正像。雍正皇帝即位之初，遭受密謀反動。為保障自己的權位，雍正皇帝大刀闊斧的除掉反叛者，因此有些歷史學者給予凶殘的評價。而傳教士涉入反叛活動，也引發了日後雍正的禁教決定。

士也為他在圓明園造一座噴水池。後來乾隆怕西洋噴水池與中式的建築不搭調，還要求傳教士在噴水池前面也建一棟西洋式建築。此外，乾隆也很喜愛西洋的望遠鏡與時鐘，他在圓明園裡設立「鐘房」，陳列西洋各種時鐘，並常常要傳教士在這兒製作新的時鐘。

乾隆雖然對西方的科技產品如此有興趣，但是他對基督教仍堅持雍正以來的禁壓政策。乾隆在即位的那一年就下令逮捕滿洲人基督徒，強迫他們放棄基督教信仰，並下令不准北京的各教堂有傳教的行為。

一七四六年，福建省一位儒生向福建巡撫周學建告狀，指出有傳教士違法傳教，周學建派人調查後，發現確有其事，逮捕了白多祿等五名傳教士，並上奏乾隆，建議嚴懲。乾隆下令將這五名傳教士斬首，並命各省巡撫搜捕境內的基督徒。結果，南京有兩名西方傳教士被處絞刑，而中國人基督徒被逮捕的不計其數。這是清朝最嚴重的一次迫害基督教事件。

一七八四年，四位義大利傳教士秘密地從廣東省前往陝西省的途中，在湖北省被逮捕，結果這四名傳教士被判無期徒刑，帶路和藏匿的中國人共犯則被流放到伊犁。乾隆並且趁這個事件再度下令各省搜捕傳教士與基督徒。

乾隆到了晚期，由寵臣和坤的胡搞非為可以看出，清朝已經沒有康熙在位時那種勵精圖治的進取氣象。乾

隆去世後，由盛而衰的清朝，再也找不到一位對西洋科技感興趣的皇帝了。再加上日漸凋零的傳教士，西方科技文明離中國愈來愈遙遠。

　　隨著歲月的逝去，西洋傳教士歸國的歸國，老的老，死的死。一八三八年，碩果僅存，精通天文學的傳教士畢學源（Gaetan Pires-Pereira, 1769-1838）去世之後，北京再也看不到西方傳教士的身影。利瑪竇在北京開創的傳教事業至此畫下句點，再也無人聞問。兩年之後，鴉片戰爭爆發。中國開始要為他們錯過的兩次機會償付代價。

乾隆為清朝第六位皇帝。在位 60 年，對清朝後半發展有相當大的影響，晚年好大喜功，使清朝腐敗之風滋長。

　　這真是一頁令人感嘆的歷史。徐光啓與李之藻在政壇活躍的時期距鴉片戰爭至少有二百年，康熙沉醉於西洋科學的時期，若以一六九○年來算，距鴉片戰爭也有一百五十年。也就是說，中國如果能把握這兩次機會，中國可以在世界強權英國的大軍來犯之前的一個半世紀或兩個世紀，引進西方科學文明，改變自己的思想與體質。最起碼，鴉片戰爭時的中國將軍不會相信道士之言，認為英軍的砲彈射得那麼準是因為對方會施展妖術。他會明白砲彈落地距離的遠近完全有數理科學的依據。即使他不知道早在十六世紀，伽利略的師祖塔塔利亞（Tartaglia, ca.1500-1557）就以數學方式論述彈道。

　　兩次的機會好像兩顆石子丟入大海，只濺起短暫的水花，並沒有掀起持續性的、像樣的波瀾。中國人終究

Chapter 7
中國的機會

必須等待驚天動地的戰火，以及一而再、再而三的國恥家恨，才能跳脫以中國為世界文明中心的傳統觀點，冷靜地省視這個古老的文明究竟哪裡出了問題。

回顧本書所探討的這段歷史。誕生於地中海東隅的古希臘科學文明，經過將近千年的潛伏之後，以文藝復興的姿態，重見天日，並且強化了西方文明，幫助歐洲人在美洲與非洲獲得驚人的土地與勞力。這驚人的土地與勞力又增強了西方文明的力量，讓西歐各國，尤其是英國，累積了企業家的資本與消費者的消費能力，終於在十八世紀引爆人類文明史上最石破天驚、影響最深遠的工業革命。

西歐各國在非洲與美洲攫取了大量利益之後，繼續挾著他們強力的武器優勢與文明優勢，朝著東亞，朝著中國直奔而來。這時，還在作天朝大夢的中國，哪裡知道大禍即將臨門？

徐光啟、李之藻和康熙一定不知道站在他們面前，那些滿肚子數學、物理、天文知識的西洋傳教士，他們背後所代表的文明是多麼強大而又多麼危險！那些傳教士絕對不會告訴他們，哥耳狄斯如何只憑五百多名士兵就征服了墨西哥的古老帝國。也不會告訴他們皮薩洛如何只憑一百八十名士兵就征服了秘魯的印加王國。那些傳教士更不會告訴他們，歐洲人如何在美洲消滅了千千萬萬個原住民，並且強迫千千萬萬個非洲黑人到美洲為

白人作苦工。這些滔天惡行，西洋傳教士絕對說不出口，因此徐光啟、李之藻和康熙一定不會知道西方文明有多強大！有多危險！由於不知道，自然不會有危機意識。他們哪裡想得到經過若干年後，中國也可能淪落成和墨西哥帝國、印加王國、美洲原住民或非洲黑人一樣的下場？

或許這才是中國錯失兩次機會的真正原因──沒有危機意識。

如果清朝最聰明睿智的康熙皇帝，當時能夠獲知西洋人正憑著強大的科技力量，以排山倒海之勢，一步步向全世界侵略、擴張，他應該會產生強烈的危機意識。在這危機意識的促動下，康熙應該會有更積極、更前瞻的做法。中國人的危機意識必須要等到鴉片戰爭爆發，被英國打得落花流水之後，才會逐漸產生。那個時候，火燒眉頭古老帝國才會覺悟：不變不行了！

如果說這段歷史給了我們什麼值得思量的教訓，那麼應該就是要謙虛包容，不要自大封閉；要不斷學習別人的長處，並隨時檢討自己的缺失；要注意眼前微小的變化，因為這可能是巨變的前兆。

Chapter 7
中國的機會

知識叢書 1008
學校沒有教的西洋史

作　　者──呂理州
主　　編──吳家恆
編　　輯──何曼瑄

發 行 人──趙政岷
出 版 者──時報文化出版企業股份有限公司
　　　　　108台北市和平西路三段二四○號三樓
　　　　　發行專線─(02)2306-6842
　　　　　讀者服務專線─0800-231-705‧(02)2304-7103
　　　　　讀者服務傳眞─(02)2304-6858
　　　　　郵撥─19344724時報文化出版公司
　　　　　信箱─台北郵政79-99信箱
時報悅讀網 http://www.readingtimes.com.tw
電子郵件信箱 history@readingtimes.com.tw
印　　刷──和楹彩色印刷有限公司
初版一刷──2004年9月20日
初版八刷──2018年9月4日
定　　價──新台幣280元
（缺頁或破損的書，請寄回更換）

　　學校沒有教的西洋史 ／呂理州著. -- 初版.
　　-- 臺北市：時報文化 ,2004〔民93〕
　　　面；　公分. --（知識叢書；1008）
　　ISBN 957-13-4184-3（平裝）

　　1. 歐洲 - 歷史

833.5　　　　　　　　　　　　3003874

時報文化出版公司成立於一九七五年，
並於一九九九年股票上櫃公開發行，於二○○八年脫離中時集團非屬旺中，
以「尊重智慧與創意的文化事業」爲信念。
ISBN 957-13-4184-3
Printed in Taiwan